怎样有逻辑地说服别人

泰歌 罗胜辉 著

Yes!

哈尔滨出版社
HARBIN PUBLISHING HOUSE

图书在版编目（CIP）数据

怎样有逻辑地说服别人 / 泰歌, 罗胜辉著. —— 哈
尔滨 : 哈尔滨出版社, 2021.7
　　ISBN 978-7-5484-5997-2

　　Ⅰ. ①怎… Ⅱ. ①泰… ②罗… Ⅲ. ①说服 - 语言艺
术 - 通俗读物 Ⅳ. ①H019-49

　　中国版本图书馆CIP数据核字(2021)第073412号

书　　名：**怎样有逻辑地说服别人**
ZENYANG YOU LUOJI DE SHUOFU BIEREN

作　　者：泰　歌　罗胜辉　著
责任编辑：赵宏佳　孙　迪
责任审校：李　战
封面设计：刘　霄

出版发行：哈尔滨出版社（Harbin Publishing House）
社　　址：哈尔滨市香坊区泰山路82-9号　　邮编：150090
经　　销：全国新华书店
印　　刷：天津行知印刷有限公司
网　　址：www.hrbcbs.com　　www.mifengniao.com
E-mail：hrbcbs@yeah.net
编辑版权热线：（0451）87900271　87900272
销售热线：（0451）87900202　87900203

开　　本：710mm×1000mm　1/16　　印张：16　　字数：190千字
版　　次：2021年7月第1版
印　　次：2021年7月第1次印刷
书　　号：ISBN 978-7-5484-5997-2
定　　价：49.80元

凡购本社图书发现印装错误，请与本社印制部联系调换。
服务热线：（0451）87900278

说服自古以来在人们相互之间的交往中就起着重要的作用，孔子周游列国说之于礼，苏秦、张仪合纵连横于七国之间，千古流传，无不是说服的力量。

说服，存在于我们生活的各个地方，贯穿于人际交往的始终，是生活中必不可少的生存技能。年幼的孩子想让妈妈给自己买衣服，学生想让老师任命自己为班长，员工想让老板给自己升职加薪，房客想让房东给自己减租……其他如推销产品、商务洽谈、面试、汇报工作、演讲，乃至向爱人表白等，这一切的一切，都需要我们施展自己的说服能力去达成所愿。

放眼各行各业的风云人物，商业大咖，哪个不是逻辑清晰、能言善辩的说服高手？如果演讲没有逻辑，奥巴马怎么打败麦凯恩登上总统的宝座？如果说话缺乏逻辑，马云怎么说服投资人给自己投资，又怎么令员工跟随自己？由此可见，说服对每个人而言都是不可或缺的能力以及未来成功的资本。甚至可以说，在人际交往中，逻辑能力的高低决定了人生的成败。拥有完善的逻辑，就相当于拥有了胜人一等的法宝。一个具有说服力的人，在生活上能左右逢源，赢得好人缘；在事业上能解决人际难题，如虎添翼，最终取得成功。

　　说服，说到底就是攻心的话术，能否快速说服别人，关键在于你说的话有没有逻辑性。

　　说话没有逻辑性，一开口就输了。不了解对方真正的意图，话说不到对方心里；不能直入主题，被带入对方的逻辑圈套；不分主次，讲的大部分都是废话；条理不清，让对方一头雾水；不能站在对方的立场上，无法得到对方的信任……这些都是说话缺乏逻辑的表现。

　　总之，毫无逻辑地交谈，不仅不能说服对方，还可能使沟通陷入僵局。尤其在现代社会高度竞争的复杂人际关系，快节奏的学习和工作环境下，更强调语言逻辑能力。能不能一开口就把话说到点子上，让人听着受用，决定了你能不能获得更多的资源，挖掘更多的优势。甚至可以说，在这个全民短视频时代，能聚拢人气，博得关注，90%拼的是逻辑说服能力。

　　其实，语言是否具有逻辑性，不在于语言的长短，而在于语言的质量高低。具有逻辑说服力的人都懂得，说话的最终目的不仅仅是表达自身的观点，更重要的是让对方认同你的观点；每一次说话都是一次谈判，需要提前了解对方，建立清晰的逻辑。具有逻辑说服力的人能主动明确话题范畴，克制与观点无关的表达欲，用简练准确的语言打动别人。

　　如果你想在人际交往中胜人一筹，就要提高语言的逻辑性，锻炼逻辑说服力。从另一方面来讲，一个说话有逻辑性的人，同时也是一个思想缜密、规则分明的人，所以，逻辑思维能力也应该成为现代人的必备能力。

　　本书共十章，分别从分析说服对象、寻找合理说服时机、掌握逻辑技巧、巧用暗示等方面，阐述如何有逻辑地说服别人。本书深入浅出，在具体事例中融入逻辑理论的相关知识，将逻辑说服的技巧，总结为一个个切实可行的方法。读者阅读此书，可以将从书中获得的方法灵活运用到实际生活中，掌握在不同场合、面对不同对象的说服技巧，在交谈中形成自己独特的逻辑思维方式，将自己的观点准确表达出来，成为运筹帷幄的说服高手。

01 用心倾听，先建立自己的逻辑

倾听往往是我们建立说服逻辑的第一步，倾听的过程，就是开动脑筋、建立自己逻辑的过程，它是我们了解对方、厘清事实的前提和基础。当我们把倾听作为一门艺术去研究时，我们已经进入成功说服的门径。

02 树立信心，说服别人需要气场

说服本身就是一种信心的传递，成功地说服需要说服者对自己说的话抱有绝对的信心。只有一致性说服的影响力，才是最大的影响力，才能发挥最大的说服力量。

03 注重开头，开口便不会被对方拒绝

万事开头难，要想得到别人的认可，就要拥有一个良好的开端，精彩的开始会拉近与听众的距离，产生情感共鸣。如果我们一开口就能让对方被我们吸引住，就相当于开了一个好头，说服过程就会变得顺利、容易许多。

04 步步为营，把对方带入你的逻辑

想要让自己的话更具说服力和影响力，就要一步一步地计划好，做到环环紧扣、步步为营，如果能有次序、由浅入深地进行诱导，使对方一环又一环地进入自己的说服逻辑，最后难以反驳，说服就会事半功倍。

05 掌握技巧，用逻辑占据话语高地

说服是一场博弈，不仅是单一情感上的互通与感染，更是逻辑上的解释与引导。在说服过程中，逻辑上的严格谨慎与理由的充分完备，是引导对方思维使之与自己同向，获取对方认可的不二法门。

06 抓住细节，逻辑说服事半功倍

成也细节，败也细节，细节是转动链条上的扣环，是千里钢轨上的铆钉，是太空飞船上的螺丝……是关系说服成败的双刃剑。抓住说服细节，能让你说话办事虚实得法、软硬有度、深浅得当，事半功倍。

07 以理服人，有理有据才能打动人

正所谓"有理走遍天下，无理寸步难行"，以理服人更动人。在说服的过程中，像讲故事一样讲道理，或者巧妙地加入数字，或者将大道理融于日常小事中，或者借助名人效应，借力使力，让说理更有高度，让思想更有深度等方式来代替说教，说服更能深入人心。

08 以情动人，巧妙打出感情牌

正所谓"文饰不如情饰"，"情"的力量，可谓不可估量，无所不在，只是人们常常容易忽略它的重要性。所以，善于利用"情"来表达自己，说服别人或许会有意想不到的惊喜！

09 巧用暗示，让说服充满艺术感

说服是一场心理战，谁能够掌握更多的取胜法门，谁便能拥有更大的取胜可能。在说服的过程中，适时暗示，让对方领悟"话外音"，是很有必要的。这会让别人觉得你很有"情商"，跟你沟通很容易，也愿意和你沟通，从而轻松说服别人。

10 攻心为上，说服是一场心理战

说服是攻心的话术，能否快速说服别人，关键在于是否能把话说到对方心坎里。只要细心观察，总能发现一些语言之外的信息。通过这些信息，我们说话时便能针对对方的心理，完成高效说服，成为说服的高手。

01

用心倾听，先建立自己的逻辑

倾听往往是我们建立说服逻辑的第一步，倾听的过程，就是开动脑筋、建立自己逻辑的过程，它是我们了解对方、厘清事实的前提和基础。当我们把倾听作为一门艺术去研究时，我们已经进入成功说服的门径。

知己知彼，在倾听中了解对方

倾听是一种素养，能帮助我们更好地获取对方的信息，既是尊重对方的表现，也是知己知彼、建立自己说服逻辑的第一步。

《孙子兵法·谋攻》中说："知己知彼，百战不殆；不知彼而知己，一胜一负；不知彼，不知己，每战必殆。"意思是说，在战事之中，既了解自己又了解敌人，战斗一百次都不会失败；不了解敌人而只了解自己，就可能有胜利也有失败；如果既不了解敌人，又不了解自己，每场战斗都必然会失败。

在"说服别人"这场没有硝烟的战斗中，这个道理同样适用。要想成功俘获我们的说服对象，就必须对自己和他人有清晰的了解。而想要做到知己知彼，就要学会耐心倾听，这是了解对方最直接且有效的方法。

善于倾听会帮助我们捕捉到对方的很多重要信息，如对方的性格、身份、地位、兴趣爱好等。这些直接来自沟通对象的信息，一般都是非常可靠、有效的，能让我们在后期说服对方时更有针对性，效率也更高。

美国有一位著名主持人曾经这样采访过一个小男孩："小朋友，你长大以后想当什么呢？"小男孩想了想，天真地回答道："嗯……我想要当一名飞行员！"主持人接着问："如果有一天，你驾驶的飞机飞到海洋上空的时候，突然引擎熄火了，你会怎么办呢？"小男孩又想了想，回答道："我会通知飞机上的乘客先系好安全带，然后我穿上降落伞跳出去。"在场的观众听了小男孩的话，禁不住哈哈大笑起来，可这位主持人并没有跟着一起笑。

他继续注视着男孩，观察他的反应。他想看看这个小男孩到底是不是个自作聪明的家伙。没想到，男孩两行热泪夺眶而出。这时候主持人好像意识到了什么，于是问道："你为什么要这么做呢？"这个小男孩的回答让所有的人沉默了，他说道："我要去拿燃料，我还要回来的！"

原来小男孩的真诚和悲悯之心远远超出了人们的想象。

故事中的主持人并没有盲从观众，跟着他们一起讥笑男孩的"自作聪明"，而是通过观察，耐心倾听、深入询问，了解了男孩跳伞的真正意图。当男孩说出"我要去拿燃料，我还要回来的"这句话的时候，其他人才意识到自己误会小男孩了。他跳伞并不是为了自保，而是要去拿燃料，然后回来重新启动飞机。虽然这样做有些不切实际，可是，男孩并没有撇下乘客不管、放弃他们的意思。男孩的心是善良的，这样的孩子是可爱的、美丽的。

这个故事告诉我们，想要了解对方，就要懂得用心倾听、虚心聆听。同时，倾听也要讲究方式方法，首先要等对方把话讲完，不能听到一半就断章取义，也不能一味以自己的想法去理解对方的话，而应站在对方的角度认真思考、耐心倾听、仔细分析，挖掘其中的深意，这样才能确保所获取信息的准确性。

高质量的倾听不仅要求听者根据所听内容做出最贴切的反应，更重要的是要透过听的内容了解对方的观点和感受，做到知己知彼。在听的过程中，我们需要用耳倾听，用眼观察，用嘴提问，用脑思考，用心感受。所以，不要小看听的过程，它可是调动了全部感官来完成信息的接收、加工和反馈。这也是为什么倾听在说服逻辑中占有非常重要的地位的原因。

在倾听中了解对方是一种智慧。懂得倾听的人，是善于分析和理解他人的人。倾听的过程也是运用逻辑思维的过程，需要注意力长时间的集中去倾听和思考，从中剥离出有价值的信息为己所用。真正做到善于倾听，需要我们进行长时间的学习和训练。那么，我们应该如何倾听以便了解对方呢？

1. 复述语句，体察对方感受

俗话说"话是开心锁"，当对方通过语言来表达自己的感受时，如果我们复述对方的语句，不仅能证明我们在认真倾听，还可以借此表达我们的感同身受，然后可以顺着对方的话，慢慢打开他的心扉，以便更深入地了解对方。

2. 注意反馈，引导对方发言

如果我们想要了解对方，就要学会引导对方多谈自己的事情。当谈到关键信息时，我们要及时给予反馈，增强对方谈话的兴趣。当对方出现愤怒、喜悦、忧伤等情绪时，也要及时给予理解和安慰，让对方感受到你对他的关注和关心。

3. 理性分析，不要主观臆断

在倾听他人说话时，不能受主观情绪的操控，想当然地认为对方就是自己所想象的那个样子，好像哈哈镜一样，将收到的信息变形后呈现在镜面上，造成判断上的失误。而应懂得冷静、理性地分析对方说出的话，站在客观公正的角度去思考，以免曲解对方的意图，导致无法真正了解对方。

苏格拉底说过："自然赋予人类一张嘴、两只耳朵，也就是要我们多听少说。"可见，学会倾听，从倾听中了解对方，在沟通中是多么重要。倾听是一种素养，能帮助我们更好地获取对方的信息，既是尊重对方的表现，也是知己知彼、建立自己说服逻辑的第一步。

抓住主线，摸清事情原委

说服的过程，也是较量心性的过程。拥有强大的说服力的人，也是拥有强大的心理能量和影响力的人。这样的人总能占据说服的高地，抢占先机，建立自己的逻辑，在心性较量中取得胜利。

　　无论是在日常交际中，还是在职场交往或商务谈判中，我们都免不了遇到一些出乎意料的情况。当事情发生后，我们首先得知的是结果，至于为什么会有这样的结果，往往一时摸不着头脑。这时，我们就要有目的地对当事人展开询问，引导其发言，以便获取我们想得到的信息，摸清事情的原委。

　　想要摸清事情的原委，就要提前策划，明确思路，积极主动地询问，掌握倾听艺术中"问"的技巧。通过有目的、有技巧地提问，帮助我们抓住主线，引导谈话方向，最终获取真正需要的信息。

　　意大利人英里尔那·法拉奇是一位知名的女记者。有一次，为了获取美国外交谈判的最新消息，她专程来到美国，希望从美国国务卿基辛格那里得到这次新闻事件的最新消息。不过，基辛格是国际谈判界的老手，想要从他那里得到消息可不是一件容易的事。

女记者法拉奇为了能从基辛格那里套出点儿新闻来，可真是没少下功夫。她一开口就抛出了一个新奇有趣的问题："博士，您的名气变得简直比总统还大，您的诀窍是什么呀？"狡猾的基辛格对此并没有直接回应，而是反问道："你认为呢？"他早就准备守口如瓶了，当然不会轻易让对方套出话来。

法拉奇见基辛格把问题又抛了回来，并没有气馁，而是顺着话题继续说道："我可不清楚。我正想通过这次采访找到其中的奥秘呢！我的意思是说，就像一位高明的棋手，您走了几步绝招？"没想到法拉奇机智地又将问题抛给了基辛格。法拉奇一会儿将基辛格说得比总统还有名气，一会儿又拿高明的棋手比喻他，这让他实在有些招架不住，飘飘然竟然不知不觉地谈出了不少美国谈判的秘密新闻。

这次采访见诸报端之后，就连基辛格都大为吃惊，连他自己都不敢相信，他竟然会透露这么多中美谈判的内幕出来。

法拉奇无疑是一位优秀的女记者，她利用高明的提问技巧，成功地打开了基辛格的"话匣子"，摸清了中美外交谈判的新闻，完成了这次重要的采访。

从案例中我们看到，法拉奇紧紧抓住外交谈判这一主线，设置自己的问题，谈话思路清晰、目的明确，当基辛格提出疑问，想要引开话题的时候，法拉奇并没有受到对方逻辑的干扰，而是通过简单的回答，将话题重新拉了回来，成功将对方引到自己设置的逻辑之中。基辛格在对方严密的问题攻势下，终于露出破绽，掉入法拉奇设置的逻辑之中，将中美外交谈判的重要信息不知不觉地透露出来。

其实，在我们说服他人之前，也应该像新闻工作者那样掌握一定的提问技巧，以便深入了解对方，摸清事情原委，找到问题的根源，为对症下药地展开说服做好铺垫。

1. 以尊重对方为前提

尊重别人是一种美德。每个人都希望被尊重，我们在倾听和询问的过程中要以尊重对方为前提。不过，尊重也不是没原则地一味逢迎，而要有礼有节，不卑不亢，这样才能赢得信任，奠定说服的基础。

2. 提前做好问题策划

想要了解事情的原委，我们应该提前做好相关问题的策划，明确思路，这样我们在提问的时候才能更好地抓住主线，摸清问题的真相。如果出现被对方的逻辑牵着走的情况，多是因为缺乏规划。说了很多，听了不少，却在无关的问题上纠缠，抓不住重点，导致偏移了谈话方向，使问题无法得到解决。

3. 掌握必要的提问技巧

提问的技巧有很多。比如，将问题具体化，让对方便于回答；提出的问题要有新意，切中要害和兴奋点，成功吸引对方回答；要抓住提问时机，因人因时制宜；提问要尽量避免对方的拒绝等。一个善于交际的人，必定是一个善于提问的人。因为很多信息都是在问题中寻找到的，优秀的谈判者借助提问来引申或转换话题，进而掌握谈判的主动权。

总之，在说服的过程中，我们要充分调动各种感官，积极接收信息，巧妙设置问题，引导对方沿着我们的思路展开话题。就算对方有意或无意地打断了我们的思路，也要迅速调整过来，不能让对方牵着走。其实，说服的过程，也是较量心性的过程。拥有强大的说服力的人，也是拥有强大的心理能量和影响力的人。这样的人总能占据说服的高地，抢占先机，建立自己的逻辑，在心性较量中取得胜利。

察言观色，猜测对方心理

察言观色是猜测对方心理、建立自己说服逻辑的必修课。

察言观色，是指通过对方的言行来揣摩对方的心意，属于行为心理学的范畴。在倾听的过程中，我们可以通过察言观色的方法，留心观察对方的言语和神态变化，以此来猜测对方的心理状态。毕竟，语言是可以修饰的，而细微处的动作、行为、表情却很难掩饰。通过观察这些微表情和微动作，便能有效地识破人心，猜测对方的心理。

有学者发现，在我们与人沟通时，大约有7%的效果产生自说话的内容，38%产生自说话时的声音，如音量、音调、韵脚等，而约有55%产生自肢体语言，包括面部表情、身体姿势等。可见肢体语言在沟通中的作用有多么重要。所以，在与对方沟通的过程中，不仅要注意他说了什么，更要注意他是怎么说的，只有这样才能更清晰地解读对方心理。

大文豪苏轼就很善于察言观色。有一天，苏轼和一个叫谢景温的人相约一起到郊外游玩。两人走到一棵大树下时，正好一只雏鸟不小心从树上掉下来。苏轼定睛一看，原来是一只受伤的小百灵鸟，苏轼本想将它捡起来，放回到树上去，可谢景温却抢先一步，一脚将小鸟踢到了一边，完全是一副不屑一顾的样子。

苏轼见状，心凉了半截，心想谢景温这个人怎么如此轻贱生命，不管他是有心还是无意，这个人缺乏同情心是真的，做起事来不会考虑他人的感受，必定是个损人利己的人。平常看他高谈阔论，像个风度翩翩的君子，如今看来只不过虚有其表罢了，和这样的人一定不能深交下去。之后，苏轼便渐渐疏远了谢景温。

没想到，苏轼的想法果真应验了。在王安石当上宰相、推行变法之际，谢景温为了讨好王安石，竟然诬陷反对变法的苏轼贩卖私盐。幸好苏轼没有和其深交，谢景温没有找到足够的证据指证苏轼，苏轼才幸免于难。

苏轼通过观察谢景温的言行举止，便猜测出这个人的性格比较阴暗，于是提高了警惕。谢景温也因为这个不经意的行为暴露了自己的本性。这便是"见微知著"的道理，不好的本性总会暴露出来，是掩饰不住的，越早一点儿知道这些，越能早一些避免被伤害和被欺骗。所以，通过察言观色，猜测对方心理，我们就能准确地把握与人交往的方向和深度。

在古代，通过观察对方的表情动作来猜测一个人的心理状态的例子有很多。善于察言观色的人，有时无须通过语言就能侦破很多真相。

战国时期，齐国准备攻打宋国，宋国派遣臧孙子去南面的邻国楚国请求救援。臧孙子刚表明来意，楚王就欣然同意，答应支援。可臧孙子并没有因为楚王答应支援感到高兴，反而忧虑起来。他的车夫感到好奇，问道："我们来求救而获得成功，可现在先生却面带愁容，一副忧心的神情，这是为什么呢？"臧孙子说道："宋国弱小，而齐国强大。楚王答应救援弱小的宋国，便会得罪强大的齐国，这本是一件使人忧虑的事情，可是楚王却是一副很高兴的样子。他必定是想用这种缓兵之计来坚定我们抵抗的信心。而我们坚定抗战，齐国就会疲惫虚弱，这对楚国来说就是有利的。"

臧孙子就这样回到了宋国。果不其然，齐国人一连攻占了宋国五座城池，而楚国的援兵还没有来到。

臧孙子通过观察楚王的表现，看出了楚王的言行不一，猜测出楚王这样做只不过是在敷衍自己罢了。其真正的目的，就是要让齐国和宋国两败俱伤，而自己不出一兵一卒便能坐收渔翁之利。臧孙子窥探出了对方的真正意图，猜测出了对方的隐藏意图，是一个非常善于察言观色的人。

在我们日常生活中注意察言观色，猜测对方心理是一种常见的识人之法。特别是在职场之中，学会察言观色是尤为重要的能力。不论是和同事相处，还是向上级要求升职加薪，或者与客户谈判交易，都需要用敏锐的观察力来猜测对方的心理，及时调整说服的策略，以便更顺利地达成协议，完成任务。那么，我们如何才能更好地做到察言观色，猜测出对方心理呢？

1. 观察微表情和微动作

想要分析一个人的情绪特征，可以通过观察其嘴角、嘴形、眉毛、眼角、眼睛以及额头等部位来综合判断。因为，很多情绪都隐藏在这些脸部区域之中。例如，一个人在悲伤和恐惧的时候，眉毛及额头就会紧锁；当一个人厌恶或喜悦的时候，嘴巴就会出现撇嘴或上扬的动作。通过这些我们便能很好地辨识其情绪了。

2. 观察对方的穿着打扮

一个人的穿着打扮往往透露出一个人的性格特点。穿着的T恤，手提包的款式，佩戴的手表、帽子以及各种首饰等，都会传递出这个人的品位、价值取向等信息。从发型、发质、服装款式等，可以看出这个人是传统型的还是时尚型的。从男性随身携带的手机、笔，以及领带的打法、色彩等可以识别男性的身份以及性格等特点。

总之，察言观色是猜测对方心理、建立自己说服逻辑的必修课。但丁在《神曲》中说道："一个人在智者面前可要小心呀！他不仅看清了你的外在行为，就是你的内在思想他也能看清楚呢！"我们只要在生活中用心观察，细心揣摩对方意图，就能成为一名生活的智者。当我们看清一个人的心理后，我们便能更好地把握对其说服的方向，知道什么话该说，什么话不该说。

意在言外，听出对方的弦外之音

当你能够听懂别人的弦外之音，话中之话的时候，就抓住了与对方沟通的诀窍，也就抓住了破解人际关系的密码。

　　说服是一种常见的沟通方式，而沟通是一个双向互动的过程。这就要求我们不能只着眼于"说"，更要注重"听"。所以，说服对方之前一定要重视听的作用，避免掉入对方的逻辑陷阱，同时通过倾听了解对方的真实需求，在开口前便在脑中建立严密的逻辑，使说服事半功倍。

　　而对方真实的需求，往往是意在言外，藏在"弦外之音"中。

　　所谓"弦外之音"，即人们常说的"话里有话"。不管是朋友沟通、生活交流还是商业谈判，人们大都不愿意把话说"满"，而是"话里有话""话留三分"，委婉含蓄地传达自己的真实想法、动机和目的，这些真实意图或是讽刺发泄，或是批评鼓励，或是摸底打探。

要想说服他人，必须学会捕捉到表面事实之下的"弦外之音"。当你能够听懂别人隐藏在话里面的"话"的含义的时候，就抓住了与对方沟通的诀窍，也就抓住了破解人际关系的密码。在进行说服的时候，就能够根据对方的真实意图，抓住关键和重点，有针对性地说服对方。

李总经营的企业有一个合作多年的原材料供货商，信誉一直很好，但是在签订下一年的供货合同时，供货商推三阻四，迟迟不能签订合同。于是，李总专门过去谈供货合同。

供货商热情地接待李总，先谈到这些年来合作得非常愉快，又谈到这段时间很忙，好几个客户都过来谈合作，给出了优惠的价格；现在原材料价格波动较大，加工成本攀升，生意越来越不好做……就是迟迟不提合同的事情，李总耐心倾听，慢慢就听出了弦外之音：供货商其实想提高供货价格，又担心破坏了合作的基础，失去一个可靠的合作伙伴，所以费尽心机、弯来绕去地说。

李总考虑到现在市场的原料价格确实在逐渐上涨，如果在其他地方进货，价格也要比原来高，何况又是长期合作的关系，因此适当地提高价格也可以；另一方面，对方不直说，也说明十分重视双方的合作关系，不想丢了己方这个大客户。

于是李总直奔主题，谈明年的供货合同，表明会根据市场情况适当提高价格。供货商听后，朗声大笑道："哈哈，和您这样的聪明人合作就是愉快！"就这样，合同在很短的时间里就谈妥了。

从案例中可以看出，供货商的话里隐含着丰富的信息：

1. 双方合作很愉快，并不是因为对合作不满意而不签合同；

2. 如果签合同的话，原材料的价格要有一定上浮；

3. 我们不缺客户，即使价格上涨也能把原材料卖出去。

李总是一个善于倾听的人，他并没有急着谈合同，而是认真倾听，从对方的话中获取大量的信息，了解到对方真实的意愿，在大脑中形成了清晰的谈判逻辑，很轻松地就说服对方，达成一致，谈妥了合同。

其实，存在于我们生活之中的弦外之音，不仅是一门交谈的艺术，也是一种交谈的智慧。因为这样的说话方式既不会伤害他人，也不会伤害自己。但是如果听不出弦外之音，就无法了解说话者的真实意图，甚至还会曲解说话者的意思，致使沟通不畅，更没有可能说服对方了。

那么，在倾听的过程中如何听出"弦外之音"呢？

1. 关注语言背后的情绪

人是情绪动物，人与人沟通时，如果情绪好了，什么事情都可以谈；如果情绪不好，谈什么事情都是在谈情绪。人们有时会言不由衷，但是情绪却难以掩饰。

因此，倾听时要注意关注情绪化的语言，判断说话人的哪些话是言不由衷、哪些话是正话反说。只有摸准了对方的情绪，才能真正领悟话中隐藏的意思。

2. 注意对方反复强调的话

谈话中，有人会反复强调一些字眼，诸如"只不过""但是"，这些字眼往往可以带出真正的意图；诸如"说真的""老实说"，也许并不是那么坦白，对真相有一些保留。当对方重复说一句话时，这句话包含的信息是非常多的，需要我们认真听，细心揣摩。

3. 由说话方式猜测对方的话

说话方式好比一个人内心世界的一扇窗，注意观察对方的说话方式，你便能猜透对方的真实心理。比如，当一个人对别人心怀不满，或有敌意之时，说话速度就会放慢，有的人会给人一种木讷的感觉；如果对方心中有愧或者撒谎时，说话的速度就会明显加快，甚至语无伦次；如果一个人说话时突然提高音调，即表示他想通过这种方式压倒对方；对方说话时如果一字一顿，表现出抑扬顿挫之感，通常是想吸引别人的注意。

另外，在倾听时也要避免解释过度的情况，把对方的无心之言也听成了弦外之音。这种"言者无心、听者有意"的现象会阻碍双方的有效沟通，使说服者做出错误的判断，无法领会对方的真正意图，也很难真正地把话说到对方心里。

纪伯伦曾说："如果你想了解一个人，不是去听他说出的话，而要去听他没有说出的话。"要想说服一个人，一定要懂得倾听，特别要听懂"弦外之音"，以便更好地了解一个人的真实想法，让接下来的谈话有的放矢。

要听懂"弦外之音"不是一件简单的事，要懂得察言观色，还要结合当时的形势和语境，更要用心揣摩，仔细推敲，才能将对方的真实意图深入挖掘出来。总之，一个有力的说服者，一定是个对生活处处留心之人，会在生活中积累丰富的经验，从对方的只言片语中察觉到对方的真实用意。

积极倾听看似是微不足道的细枝末节，却有可能成为决定整个说服能否成功的关键因素。学会积极倾听，让知识和教养充满你的心田，让积极回应散发出你的人格魅力。

每个人都渴望被人尊重，被人认可，当我们在倾听对方说话的时候，如果能够给予积极有效的回应，便会使对方感觉自己是被尊重、被认可的，从而对听者产生好感，产生更强烈的沟通欲望，给说服工作提供更多有用的信息。如果听者总是心不在焉，没有积极的反应，对方会觉得自己被轻视、受冷漠，是不被人理解的，进而觉得自己在枉费口舌，就不愿意继续交谈下去了。所以，在倾听的过程中，要特别注意积极地回应对方。

在倾听对方讲话时，我们可以通过一些语言来表示我们在积极地倾听对方讲话。如"嗯""是的""然后呢？"等肯定性的短语，可以表达我们对对方讲话内容的认可。也可以重复对方讲话的关键词，如"您是说……"，可以表示我们对谈话内容的重视，他的讲话我们已经听到，是更深一层的鼓励对方讲话的方式。总之，要尽可能地尊重和接受对方的感受，引发共鸣。

在倾听的过程中，我们不仅可以用语言积极回应对方，还可以适时采用一些非语言性的肢体动作和表情暗示对方我们在积极认真地倾听，让对方产生好感。如身体稍微前倾，表示对谈话感兴趣；身体正对对方，表示你对他的支持；用真挚的眼神看着对方，表示喜欢他的讲话，希望他继续讲下去；适时地点头肯定，可让对方感受到尊重和认同；用丰富的面部表情，惊讶、忧伤、愤怒等情绪积极回应对方等。

罗森是美国一家专门生产汽车零部件的公司的业务代表。有一次，在参加一项公司业务活动时，他突然喉疾发作，导致没有办法流利地讲话。刚好这时候有一家汽车公司需要购买大量的汽车仪表盘部件，于是便邀请罗森和其他几家公司的业务代表一起做一次产品介绍。他们想根据综合评比的情况，来决定签约哪家公司。

罗森因为喉疾没办法代表公司发言，只能由汽车公司董事长代他介绍公司产品的性能和优势，并代他回答有关产品的各种问题。作为业务代表的罗森因为不能说话，只能在一旁认真地倾听，当听到精彩和关键之处，他就会做出点头、微笑以及身体前倾等动作，来表示他对话题的关注和董事长代自己发言的感谢之情。

结果，那家汽车公司最终选择罗森代表的公司作为签约方，该公司和罗森签订了约150万美元的巨额订单，这也是罗森做业务代表以来获得的最大成交额。

罗森虽然没有说一句话，但是他通过积极的表情和动作回应，让对方感受到他是在认真倾听这次产品的讲解活动的，他是非常重视这次活动的。对方感受到了罗森的真诚、尊重。其他的业务代表虽然说了很多，却不及罗森认真倾听给人的感觉重要。

所以，千万不要忽略倾听的重要性，倾听的过程也是体现一个人交际能力的过程。积极认真的倾听和回应，是交际能力的重要体现，会为我们说服对方起到巨大的推动作用。

曾经有一位作家，在讲到倾听的方法时讲了这样一个故事：

有一次，我去参加一个宴会，期间遇到一位著名的植物学家。之前我对他一无所知，之后我们却成了很好的朋友。他坐在我旁边，闲来无事我便听他讲起有关植物的一些趣事来。他讲得兴致勃勃，从室内花卉讲到园林植物，从地上植物讲到地下马铃薯。我在一旁静静地听着，偶尔回应他说的话。宴会结束，那位植物学家频频向主人称赞我，说我是个非常有趣的人。其实，我在他说话期间几乎没说什么话，因为我对植物根本就不了解，唯一能做的就是认真地听他讲话，对这些新奇的知识抱有浓厚的兴趣罢了。我想，做一个善于倾听的人，只要给予对方积极回应，让对方感受到被重视，便是让对方产生好感的好方法了。

这位作家虽然对那位植物学家所讲的知识不了解，但是，他的态度已经是最好的语言了。他静静地倾听，偶尔回应，足以证明他是在认真倾听对方讲话，足以让对方感受到尊重和认可。所以，植物学家才会对这位作家称赞有加。一位好的倾听者，首先是一位懂得尊重他人的人，哪怕对对方的讲话不感兴趣，也会报以尊重的微笑、积极的点头。所以，不要小看倾听的过程，它是彰显一个人交往能力、理解能力、个人教养的重要途径。

在倾听的时候，积极地回应对方，让对方产生好感，除了注意积极的语言和肢体动作回应外，还要注意不要触犯一些禁忌，以免功败垂成，给后期的说服带来阻碍。

1. 不要轻易打断对方的话

当别人说话时，最好认真地听对方把话说完再说话，千万不要轻易打断对方讲话，这样不仅会打断对方的说话思路，也会耽误自己听话的思路，影响对对方讲话内容的判断。

2. 不以个人好恶选择听话内容

当有些话不是我们想听的，或者不是我们感兴趣的内容时，也不要在心理上排斥它，而应该认真地听下去，也许这里面会有我们意想不到的重要信息呢。千万不要想听的听，不想听的就不听，给人留下不好的印象。

总之，善于倾听的人，也是一个善于回应对方的人。在倾听的过程中，给予对方积极的回应，是获取对方好感的重要手段，而好感也是让对方卸下心理防备，敞开心扉，拉近彼此距离的催化剂。所以，千万不要忽略积极回应的重要性。积极倾听、认真倾听看似是微不足道的细枝末节，却有可能成为决定整个说服能否成功的关键因素。它不仅体现着一个人的倾听能力，还体现着一个人谦逊的教养。学会积极倾听，让知识和教养充满你的心田，让积极回应散发出你的人格魅力。

多动脑子，做好多种准备

倾听的过程，就是开动脑筋、建立自己逻辑的过程，想要达到好的倾听效果，就要多动脑子，做好多种准备，以便在倾听和后期沟通过程中做到处变不惊、合理应对。

俗话说"凡事预则立，不预则废"，倾听同样如此。想要做一个善于倾听的人，就要多动脑子，做好多种准备，以应对倾听过程中遇到的问题和麻烦。因为倾听不只是被动地接收信息，还需要对收到的信息进行由表及里、由此及彼、去粗取精、去伪存真的加工处理，以过滤掉虚假和多余信息，抽取出主要而有用的信息。所以，倾听是一个进行脑力思维的过程。

倾听要求信息接收方，也就是听的人集中精神，认真倾听，充分调动自己的知识储备、经验阅历，动用自己的智商和情商，以高于对方讲话几倍的速度去把握对方的心理状态。只有这样我们才能辨明事情的真伪、发掘事物的本质，吃透说话者的意图，进而对说话者做出积极有效的回应，引发好感和共鸣，为说服做好准备。

在双方运用语言沟通的过程中，由于口头表达的时效性和随机性，要求听者不仅要做出及时的反馈，还要懂得随机应变，以应对突发情况。想要达到好的倾听效果，就要多动脑子，做好多种准备，以便在倾听和后期沟通过程中做到处变不惊、合理应对。

王华是一家汽车销售公司的经理。有一天，一位打扮时髦的女士怒气冲冲地走进了销售大厅。销售人员见状，非常热情地上前问候道："您是要看车吗？"没想到那位女士看都不看他，说道："你们经理呢？我要找你们经理！"销售员一头雾水，不知道怎么回事，可又不敢得罪，知道这是一个难缠的客户，只好将这件事告诉了王华。

王华了解情况后，连忙先给女士倒了一杯水，然后对她说道："您好，女士！我就是这里的销售经理，我叫王华，您有什么需要尽管跟我说。"看到王华，那位女士语气生硬地说了四个字："我要投诉！"经验丰富的王华一听这话，立马明白这里面肯定有什么误会。首先需要把事情搞清楚了，再对症下药才好，于是王华说道："我明白您的心情，如果您愿意跟我说说，我是乐意听的。"

那位女士见王华态度诚恳，便滔滔不绝地说了起来："我本来在你们这里预定了一款限量款车型，可是你们客服却打电话告诉我售罄，让我换别的车型。开什么玩笑，当初你们可不是这么说的……"王华耐心听女士说了足足一小时，终于明白了其中的缘由，原来女士是因为对这里业务员的服务态度不满意才这样的。于是他附和道："您说得对，我会好好指导他们的。顾客就是上帝，顾客不满意就是我们的责任。"

女士又抱怨道："真扫兴，本想买车，没想到生了一肚子的气。你们那个业务员太不会说话了。"王华连忙道歉："让您生气是我们不对，您看我们该如何改善呢？"那位女士见王华态度诚恳，情绪缓和了很多，说道：

"你们该定期培训业务员。"王华连忙点头："对，您的意见太中肯了。我们会认真考虑的。"终于，那位女士露出了笑容，在王华的耐心推荐下，那位女士敲定了一辆价值100万元的汽车。

王华作为汽车销售经理，会面对各种各样刁钻的顾客，需要处理顾客各种挑剔的要求。当遇到问题时，经验赋予他的智慧使他能够处理大部分情况。在上面的案例里，如果只是纠结在"投诉"这个问题上，那么顾客的要求就永远得不到解决。判断上的失误，只会导致说服的失败。那位女士表面上是不满意自己预定的车型没有了，实际上是对业务员没有耐心倾听自己的心声、不会处理问题感到气愤。王华根据以往的经验，很快就听出了这一点，从而使事情得到解决。

被誉为"经营之神"的松下幸之助谈到自己的经营之道时，只用"细心倾听他人的意见"一言以蔽之。可见，倾听他人意见是多么重要的一环。倾听的过程，就是开动脑筋、建立自己逻辑的过程，其中需要注意以下几个方面。

1. 精神状态的准备

无论跟什么样的人沟通，都要将自己的精神面貌调整到最佳状态。抱着耐心、细心、专心的心态去倾听对方。如果对方积极热情，我们也要报以积极热情的态度；如果对方故意刁难或者发泄怨气，我们仍然要充满耐心地去对待对方，戒骄戒躁，以积极正面的情绪感染对方，让对方尽快平静下来。

2. 相关知识准备

倾听首先需要我们听得懂，听得明白。如果连对方说的是什么都不知道，就无法继续下面的谈话。所以，我们有必要提前将相关话题的知识收集整理出来，找到应对各种问题、矛盾的方法。

3. 明确沟通目的

说服是有目的的沟通，要求有目的地倾听，根据想要获得的沟通效果，引导谈话方向，抓住中心思想，而不能被对方的逻辑牵着走，以免抓不住中心，话题跑偏。

4. 做好应对预案

在我们倾听的过程中，可能会遇到对方情绪失控、隐瞒事实、抱怨、投诉等各种不确定的情况，这时候我们便可以根据先前准备好的方案灵活处理，做到心中有数。做预案要将各种情况尽可能地想全，最好逐条写下来，以备不时之需。这样就不会在倾听时手足无措、紧张得不知道怎么应对好了。

倾听往往是我们建立说服逻辑的第一步，它是我们了解对方、厘清事实的前提和基础。当我们把倾听作为一门艺术去研究时，我们已经进入成功说服的门径，只要我们用心倾听，多动脑子，做足准备，合理利用，成功一定会属于我们。

△

02

树立信心，说服别人需要气场

说服本身就是一种信心的传递，成功地说服需
要说服者对自己说的话抱有绝对的信心。只有一
致性说服的影响力，才是最大的影响力，才能发
挥最大的说服力量。

先说服自己，再说服别人

真正的说服，要从说服自己开始。只有先说服了自己，觉得自己说的是可信的，是值得被相信的，才能有效地说服他人。

　　真正的说服，要从说服自己开始。只有先说服了自己，觉得自己说的是可信的，是值得被相信的，才能有效地说服他人。因为只有自己相信了，才能让自己的意志更加坚定，说起话来，动作、语言和表情才能保持一致，共同为说话的内容服务。

　　鬼谷子在《本经·分威》里说："威覆盛，则内实坚；内实坚，则莫当。"意思是说当形势不利时，必须涵养自己的精神力量，只有内部精神力量强大时，才能扭转乾坤，所向无敌。可见，一个人只有说服了自己，内心才会强大起来。当你说出的话力量强了，内心就更加坚定，当内心坚定时，你的威力是没有什么可以阻挡的。如果威力强大到对方不能阻挡你的时候，就能化解掉对方心理上的阻力，变得顺从于你。这时候你便能有效地震慑对方，感染对方，说服对方。

所以，想要影响别人，先要影响自己；想要说服对方，先要说服自己。如果连自己都不相信，谁又会相信你的"鬼话"呢？没有人能将不喜欢的工作做好，也没有人会把自己都不相信的商品卖给别人。所以，说服别人，先要说服自己。

莉莉刚毕业不久，就来到一家英语教材公司做销售。莉莉并不喜欢这份工作，可是因为刚毕业没有工作经验，只能做些基层的销售工作。莉莉本打算以此为跳板，等积累了一些经验再去找更好的工作，但没想到推销并不是她想象的那么简单，没几天她就遇到了不少麻烦。

有一次，莉莉在电话中向客户推销"在短期内必能流利说英语"的音频课程。莉莉在电话中口若悬河，可是对方好像连丝毫的兴趣都没有，但她仍不死心，说道："张先生，这套教程真的很好，有了它，您就可以在短时间内迅速提高英语水平了。很多人都试过，效果确实不错……"

没想到客户反问道："短时间是多久？"

"很短，比如说您听一小时就能用英语交谈了。"

"那你本人用这套教材了吗？如果你能用英语把刚才的话重复一遍，我就买了！"

莉莉被问得哑口无言，这时才意识到自己有多可笑，然后"咔嗒"把电话挂了。

因为莉莉确实没用过这个英语教程，连她本人都不相信这套教程可以帮助别人在短期内说出一口流利的英语。即使很多客户都认为这套教程确实很有效果。

毋庸置疑，莉莉这次的电话推销失败了。莉莉之所以失败，就是因为她没有摆正自己的心态。首先，她对这份工作并不十分满意，只是拿其作为跳板而已，谈不上喜欢。其次，她对自己销售的英语教程并没有真正了解，她虽然能说出很多关于这份教程的优点、特色，但是，这只不过是照本宣科罢了。

莉莉并没有真正意识到这套产品的价值，因为她自己没有试验过产品描述的真实性。正如那位客户说的"那你本人用这套教材了吗"，自己都没用过的东西，去推销给别人用，根据何在？如果推销员自己都无法百分之百相信产品，那又如何说服别人相信呢？所以，说服别人，首先要说服自己。只有自己对产品和服务抱有百分之百的信心和兴趣的时候，才能将影响力传达给对方，让对方信服。

所以，想要做一个有说服别人的能力的人，就要首先确定自己说的话是真的，是对的。只有你在内心坚信自己所说的话的时候，说话的语气才会坚定起来，说出的话才能更有感染力，才能更好地影响对方，让对方信服你的观点。伟人、名人、成功人士说出的话为什么容易让人信服？就是因为他们自己本身就是成功的范例，是自信的代名词，因此，他们说出的话要比一般人让人信服得多。

其实，说服本身就是一种信心的传递，成功地说服需要说服者对自己说的话抱有绝对的信心。因为，一致性说服的影响力，才是最大的影响力，才能发挥最大的说服力量。那么，我们如何做到先说服自己，再说服别人呢？可以从以下两个方面做起。

1. 充分验证话语的正确性

人要对自己说的话负责。美国总统林肯曾经说过这样的话："一个人可能在所有的时间欺骗某些人，也可能在某些时间欺骗所有的人，但不可能在所有的时间欺骗所有的人。"意思是说，谎言可能暂时欺骗一些人，但是总有被识破的时候。所以，不要试图用虚假的东西去让别人信服，只有实实在在地说话，自己确信自己说的话是正确的，是可信的，别人才会相信你。

2. 对做不到的事不要轻易许诺

做一个内心坚定的人，就要学会管住自己的嘴。如果某些事情自己明明做不到，而为了充面子轻易许诺，就会渐渐失掉对方对你的信任。所以，尽量不要许诺自己做不到的事情，以免失信于人。不轻易许诺是一种智慧，也是保全自身信誉的好方法，虽然这可能暂时伤害到对方，但是，从长远看，不许诺要比许诺却做不到好得多。

总之，想要做一个说服别人的高手，先要反思一下自己对自己的话是不是百分之百相信，如果连自己都说服不了，那就好比为自己平添了一道心灵枷锁，更无法说服他人。

坚定信念，增加语言的力量

语言的力量在于它是信念的表达，没有坚定信念支撑的语言苍白无力，是很难说服对方的。只有具有坚定信念的语言，才是真实的、有力量的，才是最具有说服力的语言。

"信念"这个词在我们的生活中很常见，但信念到底是什么，可能很多人莫衷一是。信念其实是人们在一定认识的基础上形成的一种对某种思想、理论、学说或理想抱有的坚定不移的看法，并对此持有真诚信服与坚决执行的态度，是人们认识、情感和意志力的综合统一。

通俗地讲，信念就是人们对某人或某事持有的一种笃定的态度。当你相信自己很聪明，并有足够的证据支撑这个观念时，你的头脑中便会形成一种笃定的信念——我是一个聪明人。这时候当你说出"我是一个聪明人"这句话时，不仅自己是深信不疑的，就连听话的人也会受到感染，认为你说的话是对的，这就是信念的力量。

拥有坚定信念的人，说话的口气也是非常肯定和有力量的，能帮助说话者形成强大的说服力和影响力，因此更容易让人信服。所以，坚定信念，能帮助我们有效增强语言的力量，形成强大的气场。

比尔在一家报社担任广告业务员，刚入职的时候，比尔便树立了坚定的信念，他要靠自己的努力坚持下去，获得业务上的成功。他向经理提出不要底薪、只抽取广告费提成的请求，经理答应了。

比尔列出了一份名单，名单上全都是需要拜访的特殊客户。说他们特殊，是因为这些客户都被列入"最不可能和公司合作"的名单之列。在拜访客户之前，比尔将自己关在屋里，站在镜子面前，将名单上的名字重复念了20遍，然后对自己说："在本月之前，他们将向我购买广告版面。"这样的行为，比尔每天都要坚持进行。

第一个月，比尔怀着坚定的信念去拜访客户。第一天，比尔便和3个"特殊"客户谈成了交易，不到一个星期，比尔又完成了两笔交易，到这个月的月底时，15个客户中只有1个没有购买他的广告版面。

第二个月刚开始，比尔并没有去拜访新客户，而是在每天早晨到那个唯一没有购买他的广告版面的客户的门店去推销他的广告版面。而每天早晨这个拒绝他的商人都会坚定地回答"不需要"，可是比尔对这样的话并不在意，还是坚持每天前去拜访。到这个月的最后一天时，那个商人终于开口说道："你已经连续30天请求我买你的广告版面了，我想要知道，你为什么要这样做？"

比尔说："我每天来拜访您，并不是在浪费时间，而是我在坚持学习，而您便是我的老师。我用这种方式训练自己在逆境中坚持的精神。"

那位商人听了这样的话，对比尔说道："我也要向你承认，我也是在上课学习，而你便是我的老师。你已经教会了我坚持到底这一课，对于我来说，这比金钱还要宝贵，为了表示我对你的感谢，我决定买你的广告版面，当作我付给你的学费。"

比尔用自己的实际行动向我们证明信念在说服中的力量。比尔不要薪水，只要佣金，对于一个新业务员来说，无疑是巨大的压力和挑战。而比尔就是要通过这样的方式逼自己一把，让自己在没有退路的情况下勇敢前行。当比尔对着镜子不断重复名单上的名字，并定下了明确的目标时，我们便知道比尔为销售的目标树立了坚定的信念。

当信念被不断重复时，便有了唤醒潜意识的力量。比尔的潜能就这样被激发出来，在他看来，任何困难都不叫困难，只要坚持下去，成功最终会属于他。比尔在信念的支撑下，变成了锲而不舍、勇敢无畏的斗士，变成了说话有力量的谈话高手。面对商人多次的拒绝，比尔并没有退缩，而是把它当作一次磨炼自己意志、强化自己信念的机会。

终于，功夫不负有心人，比尔成功地说服了对方。他靠的不是别的，正是自己在镜子面前一遍又一遍强化出来的坚定信念。正是因为这份坚定的信念，让他的语言更有力量、行动更有动力、说服更有气场。

那么，如何让自己变成一个有坚定信念的人呢？建议从以下两方面做起。

1. 转化念头，坚定正向信念

每个人都有这样那样的念头，如果我们集中力量，观察自己的内心世界，就会发现我们会萌生很多念头。有的念头是积极正面的，有的念头是消极负面的。转化负面念头为正面念头，如将"我不会做……"改成"我能做……"，经常这样做，我们便会发现，正向信念正在形成，自己的语言更具有力量了，自己也更自信了。

2. 坚定的信念需要不断强化

有了好的信念，还需要不断强化才能将其固定下来，才能在我们的言行中产生巨大的力量。三天打鱼，两天晒网的想法不叫信念，只有持之以恒、贯穿始终的观念才称得上是信念。在销售行业，特别需要坚定信念的支持。

  我们可以像比尔那样每天照着镜子对自己说出我们需要树立的信念，也可以在心里默默强化自己的信念，如"我是世界上最伟大的奇迹""我们的产品一定能帮助到客户"等。相信时间长了，这样的语言便会深入你的潜意识中，成为坚定的信念固定下来，进而增加语言的说服力量。

  总之，想要说服别人，坚定的信念是不可或缺的，因为它是增加说服语言力量的重要方法。语言的力量在于它是信念的表达，没有坚定信念支撑的语言，就多是空话、套话，是苍白无力的，是很难说服对方的。只有具有坚定信念的语言，才是真实的、有力量的，才是最具有说服力的语言。

树立权威，让话语更值得信服

说服虽然不是人际交往的根本，但是，没有说服，我们就无法建立和谐的人际关系，无法达到自己的目的。而要想被人信服，就需要树立自己的权威。

作家丁玲在《过年》里写道："只觉得舅舅仍然很尊严，很大，高不可及，只呼吸都像表示出有与凡人不一样的权威。"那么，什么才是权威呢？权威是对权力的一种自愿的服从和支持。权威和权力有联系也有区别，权威被认为是一种正当的权力。通常，人们对权力安排的服从可能是自愿的，也可能是被迫的；但对权威安排的服从却是完全出于认同后的自愿行为。

一个具有权威的人，是一个具有强大公众影响力的人，也是具有极高社会威望的人。这样的人具有强大的气场和人格魅力，很多人会被其吸引，进而拥护和爱戴他。一个拥有权威的领导，他的威信也会很高，做事往往能一呼百应，具有很强的号召力。一个具有权威的员工，不但能受到领导的赏识，也能得到同事们的热心帮助。

在我国古代不乏具有权威影响力的人物，他们通过自己的行动，在众人面前树立了强大的威信，从而得到了人们的服从和拥护，使政令得以更好地推行。

相传，秦朝末年，统治者横征暴敛，赋税严重。身为县令女婿的刘邦为了躲避苛捐杂税，被迫带着一帮劳工逃到了一座山上。他们正往深山老林中走时，突然发现一条巨大的白色蟒蛇横在道路中央。众人都害怕得闪躲起来，但是刘邦非但不怕，还随即拔出身上的佩剑，和白色大蟒蛇大战起来。经过激烈的搏斗，刘邦终于斩杀了白蟒。

正当刘邦刚坐下来休息之时，远处传来一个老妇人的啼哭声。一问得知，老妇人的儿子是白帝之子转世，却被赤帝之子给杀了。说完，老妇人就不见了。人们此时便意识到，原来刘邦是"赤帝之子"转世，因此，大家更加拥护刘邦。刘邦在众人的帮助下，也终于登上了皇帝的宝座。

这个故事的真实性无从考证，但是，通过这个故事我们可以看出，能够成就大事的人，都是懂得树立权威的人。他们为了树立自己的权威形象，不惜编造一些鬼怪神话故事来神化自己。特别是在迷信神话的古代，渲染自己的神话色彩是得到人们的崇拜和信仰的重要方式。刘邦正是利用了人们迷信神人的心理，借助"赤帝之子"这样的神话形象树立权威，进而扩大自身的感召力和影响力，使自己说出的话更令人信服，更具有说服力。

刘邦本是一介草莽，可是，他却通过自己的努力，使用各种手段，不断让自己的形象高大起来，使越来越多的人信服于他，他也因为获得众人的支持而最终完成了雄图霸业。可见，树立权威在说服中是多么重要的一环。

当一个人树立起自己的权威的时候，他的话就更加值得人们信服。不过，权威也不是与生俱来的，需要不断地身体力行才能树立。美国总统林肯看起来就像个农民，很多政敌拿这个嘲讽他。可是林肯对此并不在意，他知道外表出不出众不是最重要的，重要的是树立自己在公众心目中的良好形象。经过不懈努力，林肯终于在美国总统竞选中脱颖而出，也因此受到了越来越多的人的拥护，他的话也更值得人们信服。

马丁·路德·金是一位曾备受歧视的黑人，可他却一直在为争取黑人的平等地位而抗争，他的形象因为他的伟大思想而变得高大，他在黑人心目中的地位也越来越重要。最终，马丁·路德·金成为黑人权利的代言人，不仅众多黑人信服他、拥护他，就连很多白人也对他深信不疑。

树立权威，就跟学开车一样，需要不断地磨炼，不断地提升，才能使其成为一种能为自己所用的能力。我们该如何树立权威，让话语更值得别人信服呢？下面介绍几种树立权威的方法，希望能帮助你树立自己的权威，收到更好的说服效果。

1. 树立权威需要良好的知识素养

一般而言，有权威的人，都是具有渊博知识的人。他们每天都会抽出时间看书、学习，不断积累知识和经验。懂的知识多了，说出的话自然就更显得信心满满，更有道理，更加充满理性的光辉，因而更值得人们信服。

2. 树立权威需要实事求是地办事

要想将事情做好，就要深入调查研究，多方考证，实事求是。说话和办事一样，只要做得正确，你在人们心中的威信就会多一分；如果做得不对，威信也自然会减少一分。所以，做好事情也是树立权威的重要方法，把事情做好了，你的权威也会因此树立起来。

3. 树立权威需要公平公正地做人做事

做人做事越是公平公正，得到的人们的信服也会越多。如果做事情假公济私，不能一视同仁，就容易失掉人们对你的信任。因为任何人都不能容忍不公平的待遇，谁也不想接受不愿意接受的东西，谁也不可能不在乎本属于自己的东西被人夺取。每个人都需要得到公平公正的对待，只有做到公平公正地做人做事，才更有助于树立权威，让更多的人信服。

4. 树立权威需要敢于担当的责任心

遇到事情需要勇敢地承担起自己的责任，一个敢于担当、有责任心的人，也是一个有魄力、具有权威影响力的人。困难是最能考验一个人意志和责任心的。当遇到困难时，有权威的人会选择勇敢地站出来，主动承担风险，而懦弱无能的人会选择逃避。所以，只有敢于担当的人，才能更好地树立权威，值得别人信服。

我们每个人都应该树立自己的权威，因为只有权威人士才具有强大的感召力，才能说服更多的人，办更多的事。说服虽然不是人际交往的根本，但是，没有说服，我们就无法建立和谐的人际关系，无法达到自己的目的。所以，我们需要说服别人，需要被人信服，更需要树立自己的权威。

热情洋溢，用情绪感染对方

在说服别人的过程中，同样需要热情的参与。用积极饱满的情绪去感染对方，要比千言万语的产品说明有效得多。

有相关研究表明，在成功的销售案例中，人们对产品的购买欲望的产生原因中产品知识只占了5%，而95%的购买欲望来自业务员的销售热情。可见，无论做什么事情，只要用热情洋溢的态度去面对，就能更好、更顺利地完成任务，达到目的。

在说服别人的过程中，同样需要热情的参与。用积极饱满的情绪去感染对方，要比千言万语的产品说明有效得多。热情就像燃烧着的火柴，我们需要用它来点燃我们准备说服的对象。当我们爆发出热情的能量的时候，我们才能更好地让对方活跃起来，使对方受到我们积极情绪的感染，进而认同我们的观点。

美国一家证券公司在金融危机的影响下，一度陷入经济窘迫。为了能够维持正常的运营，公司高层领导泰德不得不考虑通过裁员来减轻负担。可是，最让他犹豫不决的是他实在不忍心裁掉他的助手——彼得。

彼得是英国人，他是一个不安分的人，经常违反公司的纪律。可是，虽然他有很多毛病，但却有一个其他员工无法企及的优点，就是他做什么事情都充满热情。泰德对他的描述是这样的："虽然彼得经常违反纪律，可是，在我们高度紧张地工作时，他总能保持热情洋溢的笑脸，风趣幽默的话语，让我们在紧张之余能够得到片刻的欢愉。只要有他在，工作就不再枯燥乏味，每个人都受到感染，精神和大脑都振奋起来，就算有再大的压力我们也能轻松面对。"

彼得充满热情的样子深深地感染了身边的每一个人。他乐观，善于表现自己，而且以助人为乐，与人沟通时总忘不了带上他热情的笑脸，他总能把自己的快乐传递给别人。也正是凭借这样的热情，他解决了许多本部门不容易解决的问题。所以，泰德将他放在了交易层中最受欢迎的人之列，自然不忍心裁掉他了。

公司另一位高层领导英格丽虽然只和彼得见过一面，却很清楚泰德为什么总是原谅这个不守纪律的人。因为仅仅那一次见面，彼得就用他的热情让在座的每一个人都不停地哈哈大笑。这样一个充满人格魅力的人，换作谁也不忍心裁掉他呀！

彼得虽然有不遵守纪律的毛病，但是瑕不掩瑜。他热情乐观、乐于助人、风趣幽默的人格魅力是他最重要的财富，也是他在公司中的价值所在。这样的人，放在哪里都会受人欢迎。如果他再努力一点儿，稍微改一改小毛病，相信没有人可以阻挡他前进的脚步。

热情能让人更幸运，这跟人们常说的"爱笑的女人运气不会太差"是一个道理。人们都喜欢热情的人，对待热情的人，大家能给予更多的宽容，更想去满足他们的愿望。正因为热情具有强大的感染力，所以很多政治家会使出浑身解数，让自己的语言充满激情，让自己的姿态看起来有活力，让面部表情总是热情洋溢。丘吉尔、肯尼迪、里根、克林顿等国家领袖，都因为具备热情的品质而大受选民的喜爱。

热情在人际关系中发挥着巨大的作用，它让对方精神愉悦。人们都喜欢和热情的人打交道。听热情的人说话，和热情的人交流是一种快乐的享受。一个人是否热情，决定了我们是否喜欢他、亲近他。热情的品质影响着一个人生活的方方面面，热情也成为一个人优秀品质的象征。一个人是热情还是冷漠，决定了他在社交场上是不是被人喜欢。

那么，我们如何才能让自己热情洋溢，用好的情绪感染对方呢？

1. 让自己的心中充满爱

我们生活在人世中，离不开爱我们的人对我们的呵护和关心。爱我们的人很多，有亲人，有朋友，也有伴侣。一想到这些爱我们的人，我们的心里就暖暖的，受到爱的滋润的人，脸上也会不由自主地洋溢出幸福温馨的笑容。当我们得到爱的时候，也会将爱传递给对方，在充满爱的情绪中彼此喜欢，彼此感染，彼此拥抱。

2. 学会微笑面对生活

人生不如意事十之八九，如果每天活在对困难的苦恼之中，人就会变得消沉，情绪低落。所以，就算面对再大的困难，我们也要学会微笑。微笑是最价廉的心理安慰剂，我们不妨每天都对自己微笑一下，对身边的人也大方地献出你的微笑。在服务行业，微笑更是一项基本的服务礼仪。所以，学会微笑吧！当你微笑的时候，你会发现心里的阴霾也会随之消散，周围的人也更加喜欢你了。

3. 用具有感染力的语气说话

热情洋溢的人，说起话来总是那么动听，极富感染力。比如，前英国首相布莱尔与其他政客最大的区别，就是他总能展现自己的热情，特别是在语言上，铿锵有力，富有很强的感染力。通过他的语言，我们便能感受到他是一个充满热情、富有鼓动性的人物。这样的人，这样的说话方式，都非常受人欢迎。

歌德说："历史给我们的最好的东西就是它所激起的热情。"我们的生活离不开热情的浇灌，一个充满热情的人，是一个具有非凡魅力的人。和热情的人说话，整个人的身心都是轻松愉悦的。热情能化解人与人之间交流的障碍，缩短彼此的心理距离。热情让人总是朝向阳光的一面，远离黑暗的一面。热情是真善美的使者，是吉祥的鸟儿，我们没有任何理由拒绝热情。

气定神闲，遇到反驳不慌张

说服是一场心理战，如果我们想要在心理上打败对方，就必须努力提升自身的心理素质，特别是要克服紧张的情绪，做一个处变不惊、从容不迫的人。当我们做到了，便是我们信心倍增、气场全开的时候。

在我们日常生活中，不论和亲人、朋友还是和同事、领导相处，我们都可能遇到意见相左的情况。特别是在说服过程中，难免会遇到一些质疑或阻碍的声音。面对反驳，我们需要巧妙应对，扫除障碍，否则就会导致说服的失败。

心理学研究认为，每个人都有以自我为中心的倾向，都不愿意被人说服。所以，在说服别人的过程中，稍有不慎就可能使自己的观点遭到质疑，甚至招致不怀好意的反驳。当遇到这样的情况，我们首先需要稳住心神不慌张，然后分析对方的反驳是否合理，根据反驳内容有针对性地化解。

如果对方的反驳是合理的，就要对自己的观点进行修正。对于那些不合理的反驳，我们也不能置之不理，因为就算他的反驳是站不住脚的，也有可能会成为说服过程中的阻碍。所以，我们必须直截了当地处理好这些反驳意见，而不要让对方认为你忽视他们的意见，或者有意针对他们，从而影响了说服的顺利进行。

　　咸丰年间，太平军起兵反抗清朝的统治，大军已经打到了湖南境内。而曾国藩临危受命，担任了湖南团练使之职。

　　面对太平军的疯狂进攻，曾国藩并没有直接招兵买马奋起抵御，而是想要先招将军，然后训练士兵，等士兵训练成熟后，再派到前线抵御太平军。

　　以湖南巡抚张亮基为首的地方官员见状，开始对曾国藩的御敌之策不满起来。本来张亮基是支持曾国藩的，可现在他认为曾国藩只不过是空有其表，只会纸上谈兵罢了。张亮基手下的将士也因为头领的态度，开始对曾国藩的政策公开表示不满。

　　面对越来越多的反对声音，曾国藩并没有慌张，而是仔细分析了这其中的缘由。在他看来，这些地方官员之所以忙着反对自己的意见，一方面是对自己的御敌之策没有信心，另一方面也是要通过这样的方式推卸责任。因为就算湖南丢了，跟他们也没有关系，而是曾国藩一意孤行的结果。

　　曾国藩对反对者的动机十分清楚，但是心里也十分明白，湖南办团练，如果得不到地方官员的支持，工作就很难开展下去。于是，曾国藩决定召集这些人，详细说明自己的主张，以便得到他们的理解和支持。

　　曾国藩向地方官员详细地阐述了目前湖南兵力的情况，他认为湖南境内绿营兵力空虚，新兵没有作战经验，必须经过训练才有抵抗能力。可是曾国藩的慷慨陈词还是无法让地方官员完全信服，他们的言语中带有明显的攻击性和嘲讽性。

曾国藩没想到这些地方官员的势力如此强大。聪明的曾国藩心里明白，这都是湖南巡抚张亮基态度暧昧，纵容手下官员的结果。对此，曾国藩决定做一些让步，他想了一个折中的办法，将此事上报朝廷，让朝廷来定夺。大家见曾国藩的态度积极诚恳，也就只好同意了。

不过，就在曾国藩上奏朝廷期间，反对曾国藩的声音并没有完全停息，一些人甚至上奏朝廷，状告曾国藩消极怠工、贪生怕死。有幕僚建议曾国藩杀几个反对他的地方官，以稳定军心。而曾国藩并没有这样做，他认为这样虽然能暂时平息反对意见，但会消耗更多时间去向朝廷做出解释。

在曾国藩教导下，他的手下也变得相当克制，尽量避免和地方官发生争论和冲突。同时，表面上接受地方官的反驳，做出要进攻的架势，让地方官筹备军粮。地方官以为自己的意见被采纳，态度也渐渐缓和下来，最后，地方官也就变得不支持也不反对了。

就这样，曾国藩通过巧妙地应对反驳意见，将朝廷、地方官、下属以及士兵牢牢地团结起来，成功抵御了太平军几次三番的进攻，他组织团练的湖南湘军也威震一时。

曾国藩面对众人的反驳，运用巧妙的应对方法，成功化解了矛盾，实现了说服别人、推行自己的策略的目的。在那个混乱的年代，面对朝廷的无能、地方的叛乱、军心的涣散，曾国藩能够异军突起，成功抵御反抗，证明他确实有过人之处。

当时，曾国藩是湖南新任命的官员，初来乍到的他，难免受到地方势力的敌视和排挤。而他面对众人对自己的反驳和挑衅，并没有直接硬碰硬，而是选择了巧避锋芒、迂回周旋的方法去应对。曾国藩之所以在遇到反驳时气定神闲、不慌张，是因为他做到了知己知彼，同时，通过以退为进的方式，将反驳和挑衅一一化解，成功达到了自己的目的，既没伤和气，又树立了自己的威信，让上上下下都对他心服口服。

遭到别人的反驳并不可怕，可怕的是没有找到正确的化解方法。只要找对了方法，反对者就可能变成我们的支持者。另外，有人反驳也证明他们对我们说的话、做的事很重视，至少，他们对我们说的话是认真倾听和思考过的。对此，只要我们在充分尊重对方的基础上合理应对，便能成功化解矛盾，甚至可以借此机会彰显自己的实力，产生更强大的说服气场。

1. 遇到反驳具体问题具体分析

如果对方反驳得确实有道理，我们最好不要回避，首先应该对此表示理解和认可。然后，有必要的话可以将其融入自己的观点之中，让自己的说服更加全面、理性。如果对方的反驳是不对的，甚至带有恶意的挑衅性质，我们也不要自乱阵脚，更不能置之不理，而应分析出问题的症结在哪里，然后逐个击破。

2. 提前做好心理准备

俗话说"有备无患"。我们学习说服之术，只能说尽量提高说服的能力，让自己的话更有逻辑性，更有说服力。但是，这并不意味着说服的过程就是滴水不漏的，或多或少还是会有错漏、不严密的情况。如果我们提前将这些问题预想一遍，做好合理应答的准备，就能很好地避免遇到突如其来的反驳时出现手足无措的情况。

3. 适当给对方一点儿压力

在商谈的过程中，当双方的意见难以达成一致的时候，一方采取某种方法让对方结束分歧，或者采取行动给对方造成坏的结果，这些做法会给对方造成巨大的压力感，使其自动权衡利弊，在一定程度上做出妥协。有时候向对方巧妙施压，会收到意想不到的效果。

说服的过程也是一个人展示智慧的过程，很多说服过程都不是一帆风顺的，当遇到困难和障碍的时候，也是我们的智慧经受考验的时候。当我们冲破重重阻碍后，也会获得对方的尊重和信服。说服是一场心理战，如果我们想要在心理上打败对方，就必须努力提升自身的心理素质，特别是要克服紧张的情绪，做一个处变不惊、从容不迫的人。当我们做到了，便是我们信心倍增、气场全开的时候。

注重开头，开口便不会被对方拒绝

万事开头难，要想得到别人的认可，就要拥有一个良好的开端，精彩的开始会拉近与听众的距离，产生情感共鸣。如果我们一开口就能让对方被我们吸引住，就相当于开了一个好头，说服过程就会变得顺利、容易许多。

开门见山，直入主题

开门见山、直入主题的说服方式，运用得好具有非常强的杀伤力，能一开口便让对方无法拒绝。

　　说服的目的是让对方同意自己的观点，要想达到这一目标，就要掌握必要的方式方法。说服别人的方法有很多，我们需要在不同的阶段运用不同的方法来应对。在说服的最初阶段，我们可以选择开门见山的方法，直接告诉对方我们的目的，让对方接受我们的观点，或者同意给予我们帮助。

　　这种方式简单明了，不拖泥带水，直入主题。看似简单，实则非常考验说服者的水平，如果运用不当，就可能遭到拒绝，导致说服失败。一般善于运用开门见山说服方法的人都是阅历比较丰富的，他们能够迅速判断对方的性格特点和情绪状态。如果对方属于直来直去的人，采用开门见山的说服方法，一针见血、直指要害，会取得很好的说服效果。

都说"万事开头难"，可是如果我们一开口就能让对方被我们吸引住，就相当于开了个好头，之后的谈话也会变得顺利容易得多。

如今，推销保险的人越来越多，人们的保险意识越来越强，买保险的人也越来越多。可在这之前很长一段时间里，大家对保险行业和保险推销员都有一种莫名的抵触情绪。那时候，想要做好一名保险推销员是相当困难的，约瑟夫就是其中的一员。可约瑟夫从来没有因为自己的职业而抱怨或苦恼过，反而乐在其中。因为，他掌握了很多说服别人的方法。

保险推销员约瑟夫非常喜欢使用开门见山、直入主题这种说服方法。有一次，他去附近的商业区拜访一名客户，这名客户是一位年轻的经理。他看见这位经理就直接问道："您在银行里有存款吗？"

"有一些。"那位经理回答道。

"如果您将这里的一小部分钱拿去买保险产品，会影响到您的生活吗？会不会让您穿不暖，或者让您无法出去度假呢？"

"不会。"面对约瑟夫的一连串提问，经理又回答道。

"很好，那就由我给您提供一个想法吧。如果这个想法不符合您的需求或规划，我会自动离开。"年轻的经理想了想，说："好吧，你坐下来谈谈吧。"

于是，约瑟夫成功地得到了谈话的机会，他和经理谈了符合他情况的险种，并且告诉他，银行并不能像保险公司那样让他的钱有保障，因为银行只负责存钱，却不负责他后半生的生活。而这些，正是保险公司能做到的。

这位经理听完约瑟夫的介绍，沉默了一段时间。

约瑟夫接着说："您知道城里那些汽车代理商的钱都去了哪里吗？"

"不太清楚，应该是在银行里吧？"经理被问住了。

"不对，都放在保险公司里。"约瑟夫坚定地说道。

"原来是这样。"经理已经明白了约瑟夫的意图。

最后，年轻的经理接受了约瑟夫的建议，为自己购买了多份保险。

优秀的推销员都应该是说服别人的高手，他们无论使用什么方法，都能将话说到对方的心里，打开对方的心扉，为自己说服对方提供有利的机会。当约瑟夫面对年轻的经理时，他明白对于这样年轻的高层管理人员来说，时间是非常宝贵的，如果不抓紧时间让对方对自己的话题感兴趣，就可能被拒之门外。而且，年轻有为的人通常有着富有远见而又精明的头脑，对新鲜事物很容易接受，这也是约瑟夫选择他为拜访对象的原因。

约瑟夫时间有限，他采用了开门见山的方法，运用引导式的反问话语，成功地引起了对方的注意和兴趣，进而展开了自己的话题，为自己的说服争取了宝贵的时间和空间。约瑟夫不愧为说服的高手，简单几句话，就将年轻经理带入自己的说服逻辑中，凭借过硬的业务素质，约瑟夫成功地打动了对方，顺利地完成了和对方的签单。

开门见山的方法直接又有效率，运用得当会收到事半功倍的说服效果。不过，想要运用好它，还需要多积累经验，以免因为莽撞，引发不必要的冲突，导致说服的失败。

1. 选择适合的对象

一般针对性格急躁、果断的人或者比较熟悉的人，采用这种直截了当的方式会取得很好的效果。这样的人不喜欢长篇大论，如果你跟他绕圈子，他会觉得你不实在，浪费他的时间，花费好大的功夫还不一定取得好的效果。而如果简单明了地表明来意，不仅不会让对方反感，还相对节省了彼此的时间，提高了说服的效率。不过，如果对方的性格比较稳重、缓慢，或者与其不是特别熟悉，最好慎用这种方式。

2. 不断积累阅历和经验

说服技能的提升就是一个不断学习、不断积累阅历和经验的过程。在说话方面，每个人都有自己的特点，有的人是直性子，喜欢直来直去的说话方式；有的人做事谨小慎微，就可能偏向委婉迂回的说服方式。只要多多观察，我们便能稳、准、狠地在最短时间内判断出对方的特点，然后有针对性地进行说服。人要懂得生活、学会生活，多读书、多与人接触，时间长了，自己的阅历和经验自然而然也就多了，很多事情也就知道怎么处理才好了。

3. 语言精练引人入胜

随着人们生活节奏的加快，每个人的时间都更加宝贵，有时候说服别人的过程就是争取时间的过程。要想在最短的时间里达到好的说服效果，就需要精练自己的语言，最好用一句话便能抓住问题的本质，打动对方的心，在第一时间将对方引入自己所设置的话题中来，而不要啰里啰唆地说个没完。浪费时间不说，还达不到好的说服效果。

开门见山、直入主题的说服方式，运用得好会具有非常强的杀伤力，一开口便能让对方无法拒绝。无论使用哪种说服方法，目的只有一个，那就是让对方认同你。如果能快速高效地完成任务，为何非要绕来绕去地浪费时间呢？特别是在快节奏的时代，每个人的时间都是宝贵的。德奥弗拉斯多说过："时间是一切财富中最宝贵的财富。"所以，珍惜对方的时间，就是珍惜自己的时间。而开门见山的说服方法是节约时间成本最好的方法，我们有必要掌握并运用好它。

言简意赅，避免啰唆

与人交谈总是为了达到一定目的，而不是为了说话而说话。把语言有意识地精练一下，使说出的每一个字都掷地有声，就算话再简短，也能收到力拔千斤的效果。

语言是人与人相互交流和沟通必不可少的工具。我们每天都要跟人讲话，有的话用来陈述观点，有的话用来沟通感情，有的话用来说服对方。可无一例外，这些目的都需要通过语言来实现。如何把话说得准确得当，说得对方爱听，是每个人必修的功课。说话不当，不仅引发交流障碍、关系紧张，也可能因此给对方留下"不会说话"的不良印象。

在日常生活中不难发现，人们越来越不喜欢长篇大论式的说话方式，而更喜欢听简短有力的语言。语言越是简短，越容易让对方产生好感，这或许跟快节奏的生活方式有关。但是，简短的话语更是对人尊重的一种表现。说话简短，意思到位，更能流露出一种真诚的态度。

　　如果能用简短的句子把事情表述清楚，就不要使用冗长的句子来浪费口舌，因为大家的时间都是有限的，既然能用简单的话说出来，表明目的，为何要用很长的话来浪费彼此的时间呢？

　　历史上很多名人都喜欢言简意赅的表达方式，对故作深沉的夸夸其谈非常反感。英国首相丘吉尔就非常推崇用朴实简短的语言来演讲。美国总统林肯在美国内战期间所做的《葛底斯堡演讲》就是一篇言简意赅的经典之作，全文不超过300字，却让美国战士们听得热血沸腾。另外，美国著名的小说家马克·吐温曾经调侃，他从来不用复杂的字眼来写小说或文章，因为无论简单还是复杂，他都只能从出版商那里得到一个字7分钱的稿酬。所以，我们说话时也要秉持言简意赅的原则，发扬精简语句的优点，避免啰唆，使说出的话简洁而有效。

　　关于马克·吐温，还有一个有趣的故事呢！

　　我们都知道，马克·吐温是美国幽默讽刺小说作家，他写的《百万英镑》《哈克贝利·费恩历险记》等都是脍炙人口的佳作。有一次，马克·吐温参加一个募捐活动。在募捐开始之前，活动的组织者也就是主持人要做一个募捐前的演讲，以表明募捐的目的和意义。

　　刚开始的时候，马克·吐温听着主持人的演讲，非常感动，决定等演讲结束就上去捐款。可是，20分钟过去了，这位主持人还在不停地说，这个演讲一点儿也没有要结束的意思。马克·吐温有些不耐烦，决定只捐些零钱算了。不知过了多久，这位主持人的演讲终于结束了。这时候，主持人开始号召大家捐款。可是，此时的马克·吐温不仅没有捐款，还从募捐的盘子里拿了两美元走了。

　　马克·吐温这样的做法使周围的人感到困惑，于是有人问他为什么要这样做。马克·吐温就把自己听演讲的感受说了出来。原来，他是因为无法忍受主持人那冗长的演讲才这样做的。他的耐心和感动已经被主持人长时间的自说自话消磨殆尽，他只不过是想要通过这样的举动，给对方一个小小的教训罢了。

马克·吐温刚开始听着主持人的讲话还是很感动的，可是，随着演讲的时间一点点拉长，感动没有了，耐心没有了，厌烦的情绪却一点点滋生出来。这都是因为主持人说话过于啰唆，明明一两分钟能表达完的事情，非要拖拉到几十分钟，甚至一两个小时。可见，话并不是说得越多越好，那些冗长啰唆的讲话对于任何人来说都是不受欢迎的。

《墨子》中有这样一段对话：

子禽问曰："多言有益乎？"

墨子曰："虾、蟆、蛙、蝇，日夜恒鸣。口干舌擗，然而不听。今观晨鸡，时夜而鸣，天下振动。多言何益？为其言之时也。"

意思是，子禽问墨子："多说话有好处吗？"墨子回答说："蛤蟆、青蛙、苍蝇，日夜叫个不停。叫得口干舌燥，也没有人乐意去听。但是再看早晨的雄鸡，在天将亮的时候打鸣，所有的人都被惊动，起来劳作。所以说，多说话有什么好处呢？重要的是恰合时机罢了。"

墨子的这番话告诉我们，说话说得太多只会让人厌烦，重要的是抓住重点与时机，简短明了，切中要害。如果像《大话西游》里的唐僧一样啰唆，也就只会引起别人的反感了。

语言是人类的栖居之地，想和外界接触，语言是必不可少的工具。每天我们都要与形形色色的人打交道，说什么、怎么说，都应该有"讲究"。要想在说话中做到语言简洁、精练又不缺乏信息，那么在交谈中应该注意以下几个方面。

1. 避免使用口头语

在交流的过程中，尽量避免使用一些没有意义的口头语，如

"嗯""啊""然后""绝对的""没问题"等。因为这会影响到表达的效果，导致逻辑上的不清晰，让对方感觉我们说话不专业，拖泥带水，不利落。在平时，要多注意自我提醒，尽量把语速放慢些，时间长了，也就改正过来了。

2. 不要滥用专业术语

专业术语不好把握，如果不是跟专家学者谈话，应该尽量避免使用专业性的语句。就算你使用恰当，也可能给人留下故弄玄虚、掉书袋的印象。一般，越是级别高的领导，说的话越是简单直白，这也是对人尊重的表现。

3. 多用短句，少用长句

想要做到言简意赅，就要在日常交谈中多用短句，少用长句。越是不易表达的思想，越应该将长段的话断开，变成让人容易理解的小短句。因为小短句形式活泼，简洁明快，特别适用于表达激动的情绪、坚定的意志以及肯定的语气等。

我们与人交谈总是为了达到一定目的，而不是为了说话而说话。说得再多，如果词不达意，过分拖拉，也不可能说到对方的心里去，就算说得再好、再动听也是徒劳。反之，把语言有意识地精练一下，使说出的每一个字都掷地有声，那么，就算话再简短，也能收到力拔千斤的效果。

逻辑清晰，让对方快速领悟意图

逻辑是让人厘清思路、表达思想、说服对方、拥有雄辩才能的基础。只有具备有条不紊、合情合理的清晰逻辑，才能真正打动对方。

　　说话的目的在于表达思想，而说服更是有目的地表达思想。想要达到目的，说服过程就必须体现一定的逻辑。逻辑是一种高效的思维模式，清晰的说服逻辑应该是条理分明、言之有序的。如果说话语无伦次，乱说一气，逻辑混乱，便会让听的人云里雾里，感觉"丈二和尚摸不着头脑"，这样的话还不如不说。

　　我们每个人都有自己的逻辑，我们自己的逻辑越清晰，越能让对方了解你说的是什么，双方交流起来就越顺畅。我们在日常生活中经常会遇到一些逻辑不清晰的情况。如在面试或者向上司汇报工作的时候，你滔滔不绝地说了七八分钟，结果人家告诉你听不懂，导致面试或汇报工作的失败。这样的局面，往往是因为在表达的过程中缺乏逻辑性造成的。

所以，整理自己的逻辑，使思路清晰有条理，才是快速让对方领悟意图的关键。下面我们来看一个例子。

第一种表述

安德烈是一个古老王国的王子，有一次他邂逅了一位邻国的公主，与她坠入爱河，并决心娶她，于是，他来到国王面前请求国王的同意。国王同意了这门婚事。几个月后，他们举办了盛大的婚礼，婚后两个人生活得很幸福。

这个国家有一个出名的女巫，王子在几个月前跟她进行了全国瞩目的决斗，取得了最终的胜利。

在决斗前，安德烈王子跟随自己的老师和战友，苦练剑法，取得了突破。由于女巫公开反对公主和王子的婚礼，王子在剑法大成后决定除掉女巫。这一切都是这个古老王国最近发生的大事。

第二种表述

安德烈是一个古老王国的王子，他爱上了一位来自邻国的公主，但遭到了国内一名女巫的反对。王子苦练剑法，与女巫决斗，取得了最终的胜利。最后，王子和公主举办了盛大的婚礼。

同样一个故事，就因为颠倒了一下说话的顺序，而出现截然不同的表达效果。

第一种表述思维混乱，读起来就比较吃力，需要花很长时间才能弄明白讲的是什么故事。

第二种表述方式则简单明了得多，整个故事合情合理，贯串在因果逻辑之中，按照事情的发展顺序娓娓道来，让人一读就能明白作者想要表达的意思。而之所以出现这样的差别，就在于表述的过程中是否具备了清晰的逻辑思维。

在想要说服对方的时候，具有清晰的逻辑，会让人更容易明白你要表达的意图，听起来也会更舒服。在工作中，它便能让你更轻松地完成上下级之间的沟通，使工作更加得心应手。

露西是一家外企公司的秘书，公司要召开一次重要的会议，可是与会的人有了时间上的变动，于是露西需要跟老板重新确定时间。下面是两种截然不同的表达方式：

方式一

约翰来电话说他5点钟不能参加会议了。哈尔说他不介意晚一点儿开会，如果把开会时间放到明天也没问题，但是10点之前不可以。唐克的秘书说，唐克从纽约赶回来会比较晚。会议室明天已经被人预定出去了，不过，星期五是空闲的，没有人预定。会议时间定在星期五的上午11点应该比较合适。您看这样行吗？

方式二

我们可以将今天的会议改成星期五的上午11点吗？因为这个时间约翰和哈尔都比较方便，唐克也可以从纽约赶回来参加，并且，这星期只有这天会议室还没有预定出去。

显然，第二种表达方式逻辑更清晰，对方更能明白说话者的意图。在我们陈述一件事情的时候，最好使用结论先行的归纳推理方式，先把结果说出来，让对方明白你要讲什么，然后再说为什么要这样讲。这样，对方才能更容易倾听和理解你后面要讲的内容。这也是整理逻辑思维的一种常见方式。

想要逻辑清晰，让对方快速领悟你的意图，就要学会一些基本的逻辑思维方式，如结论先行、以上统下、归类分组、逻辑递进、先重要后次要、先框架后细节等。只有掌握了基本的逻辑思维方式，才能让自己的思维清晰起来，使得表达观点明确、重点突出、层次分明、简单明了，让对方快速领悟你的意图。想要做到逻辑清晰，还要注意以下几个原则：

1. 摒除无关信息的干扰

在我们陈述观点，或者试图说服对方的时候，应该尽量避免过多无关信息的干扰，最好直接表明观点，以免因为一些无关紧要的信息喧宾夺主，影响了表达的效果。人的大脑就好比一个信息加工厂，如果输入的信息干净，加工起来就简单容易得多。如果掺杂一些杂质进去，就可能干扰信息的加工整合，导致沟通的失败。

2. 设置疑问激发对方兴趣

在我们准备说话之前，不妨设置一些能够激发对方兴趣的问题。因为人都有好奇的心理，也有寻找答案的本性。当你设置一个疑问给对方的时候，对方便有了聚焦点，明白下一步应该想什么、做什么，然后有意识地接受你的信息。首先可以提供一些必要的背景知识，然后抛出困难，制造冲突点，进而便可以引出疑问，引发对方的兴趣，最终解决问题。这是一个完整的逻辑思维系统，也是说服逻辑中常用的方法。

3. 不要受对方逻辑的干扰

每个人都有自己的思维逻辑，而说服者应该做那个逻辑思维的引领者，坚定自己的立场不动摇，不要受对方逻辑的干扰，使自己的逻辑发生偏移，影响整个逻辑说服过程，导致逻辑说服失败。所以，我们要建立自己清晰的逻辑系统，只有拥有自己的逻辑，才不会轻易被对方的逻辑所左右。

逻辑是思维的一种规律，逻辑清晰证明你的思维是符合规律的，只有具备有条不紊、合情合理的清晰逻辑，才能真正打动对方。就好比各种商品分门别类地摆放的超市，整理清晰的图书馆一样，让人一眼就能找到想要的东西。

大哲学家弗兰西斯·培根曾经说过："读史使人明智，读诗使人聪慧，演算使人精密，哲理使人深刻，伦理学使人有修养，逻辑修辞使人善辩。"可见，逻辑是让人厘清思路、表达思想、说服对方，拥有雄辩才能的基础。

语速适中，不给对方压力

语言是一个人思想和情感的流露，通过观察一个人语言的表达方式，我们便能初步了解这个人的性格特点以及心理变化等。规范的语言要求语速适中，这也是一个人处事能力和专业素质的体现，是说服逻辑中必备的一项技能。

想要一开口就让人无法拒绝，不仅要注意语言的凝练和逻辑的清晰，还要注意语速的把握。有的人说话，让人越听越爱听；有的人说话，让人一听就觉得心里不舒服，一开口便输了。这很可能是没有把握好语速的结果。

因为，每个人在听觉上的感受是不一样的，有的人倾向于节奏较快的语速，有的人则喜欢节奏较慢的语速。和什么样的人说话，就要根据对方的说话习惯适当地调整说话的语速。如果对方说话较快，你也可以适当加快语速，因为这样的人通常快人快语，思维比较敏捷，如果你语速过慢，就可能让对方感到急躁厌烦，不适应。

如果对方说话较慢，你也可以适当放慢语速，因为说话较慢的人，思维反应也会慢一些。如果你说话快得像爆豆子一样，对方就很难跟得上你说话的节奏，还会产生莫名的压力。往往是你说了很多，对方却不知道你说的是什么，有些话、有些词可能漏听或错听，给交流造成不必要的麻烦和障碍。

如果不能确定对方属于说话快节奏的还是说话慢节奏的，那我们可以保持适中的语速，说话不要太快也不要太慢，这样无论是说话快的人还是说话慢的人都无压力感，都能彼此适应。因为快慢适中的语速，往往给人以安全和值得信赖的感觉。因为，人们通常会认为只有信心十足的人，才有底气把话讲得一字一顿、清楚明白。

小敏是一位保险销售员，认识她的人都知道，她性格热情大方，待人友善真诚，是那种一眼看到便能让人喜欢的人。可是，小敏在保险行业的业绩并不是最好的，她一直不明白问题出在哪里。

有一次在同事聚会上，一个同事突然聊到了小敏在销售保险时说话方面的问题。那个同事说道："小敏，你哪儿都好，就是说话的时候能不能慢一点儿，有时候我都听不出你在说什么。"这时候，小敏才恍然大悟，原来自己的销售业绩迟迟上不去，问题很可能出在自己的语速上。小敏过去还总以为说话快是好事呢，一般人都说不过她，她也曾以自己"能说会道"为傲。可现在看来，根本不是那么回事。

小敏不由得想起去年经验交流会上某位成功企业家的告诫，他曾告诫卖保险的同事说话要慢一些，给对方一定的思考时间，尽量避免说得越多，错得越多……可是，小敏当时年轻气盛，对此根本不以为然，现在想来，企业家说的话一点儿没错。说话慢一点儿，不仅能保证说话的准确性，还能达到有力说服别人的目的。

特别是对于反应比较慢的老年人，保险对于他们来说是新鲜事物，跟老年人讲保险知识，要特别注意说得慢一些，以免让对方听得不知所云，造成一种故弄玄虚的印象。对方如果不信服自己，说得再多，也只能是浪费口舌，根本起不到说服的效果。

小敏终于找到了问题的症结，便开始在语言上有意识地克制自己。当发现自己说话有些快的时候，小敏便低头看一下手表，看到表盘的指针有节奏地转动时，心里就平静了很多。有时候也会大声地有节奏地朗读文章，以便掌握说话的节奏。在说话之前，小敏会先组织一下语言，将先后的关系理顺了再开口，避免一开口就闹了笑话。渐渐地，小敏说话不再像以前那样很快地"蹦出来"了，而是有理有据，更有说服力了。周围的人都夸小敏变得稳重了，简直像变了一个人一样。

小敏也没想到，自己小小的改变，居然收获这么大的效果，她也成功地说服了很多人购买她的保险。小敏也将自己的经验传授给身边说话快的同事，让他们把语速尽量放慢一些，要想一想再说才好。

在销售行业，需要将很多专业性的知识讲给对方听。如果不注重语速，只顾自己滔滔不绝地说，就会让对方没有时间思考和消化，特别是对于缺乏专业知识的普通大众来说，这样流利而专业的语言并没有什么吸引力，只会让他们听得稀里糊涂，倍感压力。

小敏本是一个说话很快的人，这样的人一般比较外向，思维比较敏捷，应变能力也强，是人们认为的口才比较好的人。他们心直口快，心里藏不住事，想什么就说什么。不过，这是优点，也是缺点。说得太快、太直接，就有可能造成"言多语失"，一旦出现口误或其他语言错误，就可能给对方留下不可靠、不可信的印象，导致说服的失败。小敏认识到了问题的严重性，通过有意识地锻炼自己，终于收获了成功。

可见，适当调整语速是多么重要的一件事情。

语言是一个人思想和情感的流露，通过观察一个人语言的表达方式，我们便能初步了解这个人的性格特点以及心理变化等。规范的语言要求语速适中，这也是一个人处事能力和专业素质的体现，是说服逻辑中必备的一项技能。下面，我们就来介绍一下，如何培养语速适中的能力。

1. 多朗读图书和报纸

通过朗读一些规范的语言材料，不仅可以感受其中的艺术性，还能感受语速，培养语感。可以通过适当的快读或慢读的方式，体会语速快和慢的变化。也可以听一听别人是怎么朗读的，然后针对自身情况做出相应的调整。这是训练语速的一种很好的方式。

2. 不要轻易打断对方的话

说话快的人一般反应也比较快，可能对方一开口自己已经清楚他们要说什么。可是就算知道，也要耐心倾听，等对方说完再说话。因为打断别人说话，是一种对人极为不尊重的行为，会让对方觉得你根本不重视他说的话。所以，千万不要"快人快语"，务必要尊重对方的表达，以免适得其反。

3. 调整心态学会放松

通常，人在紧张的时候，说话就会不由自主地加快，说得越快证明心里越紧张。所以，克服紧张心理是控制语速非常重要的一环。在说话之前，可以先深呼吸一下，想一想自己接下来要说什么，留给自己一点儿缓冲的时间，这样能有效地克服紧张情绪，进而语速也会慢下来。

总之，在谈话中，把握好语速至关重要。另外，除了要注意语速，也要注意语气、语调等问题，做到语速适中，语气沉稳有力，语调抑扬顿挫等。只有把话讲好，才能让对方更好地认同自己，达到一开口便让对方对你产生好感的效果。

态度真诚，使人产生交谈意愿

说话的魅力不在于口若悬河、口吐莲花的表达，而在于是否真诚，真诚的态度胜过千言万语。真诚的态度不仅是谈话的基础，也是打开人们心灵的万能钥匙，让人生活得真实、自然、纯粹。

真诚是人与人交往的基础，人们都爱和真诚的人交往，因为，只有真诚的人才是值得信赖的人。在与人交往的过程中，用真诚的心去对待对方，对方也会用真诚的心加以回报。心理学研究表明，每个人都有自己的隐私，都可能将自己心灵深处的想法无意识地隐藏起来；同时，又希望有人能够理解自己，认同自己的想法，得到对方的信任，从这方面来说，人又是开放的。不过，他们只会对真诚和值得信任的人敞开自己的心扉。

态度真诚的人，容易让人产生信赖的感觉，使人产生与之交谈的意愿，从而奠定说服成功的基础。如果没有真诚，人与人之间的交往就变得虚无、造作起来。真诚的交往是实在的，让人能够感觉出来，是令人感动的。在生活和工作中，我们离不开真诚，它虽然不是华丽的语言，但是，却可以从内心深处打动人的心灵，让人感到温馨和舒服。

著名演说家李燕杰曾经说过："在演说和一切艺术活动中，唯有真诚，才能使人怒；唯有真诚，才能使人怜；唯有真诚，才能使人信服。"所以，想要使对方动心，首先要让自己动情，用真情实感去打动人心。

如今，松下生产的电器已经深入到千家万户。起初，松下公司只不过是一个乡下的小工厂，那时候松下幸之助作为公司的老板，并没有什么特别之处，每天也要亲自出门推销生产的电器产品。

作为销售员，会遇到各种各样挑剔的顾客。每当遇到一些比较难缠的砍价高手时，松下幸之助总是真诚地这样说道："我们是一家小厂。无论寒冬还是夏暑，工人们总是坚持在车间工作。特别是炎炎夏日，工人们坚持在炽热的铁板上加工制作电器产品。大家热得汗流浃背，却仍旧努力工作，好不容易才制造出了这些产品。依照正常的利润计算，应该是每件××元承购……"听了这样的话，对方往往会开怀大笑，不会再在价格上过多纠缠，有时会深表理解地说："很多卖方在讨价还价的时候，总是说出这样那样的理由。但是你说得很不一样，句句都在情理之中。好吧，我就按你开出的价格买下来好了。"

松下幸之助之所以能说服砍价高手，就在于他真诚的说话态度，他用真诚换取了真诚。他的话语是发自内心的，是充满人情味的。一段简短的话语，却说出了小工厂工人们劳动的艰辛、创业的艰难、产品生产的不易，让人不由得被他饱含真诚的话语打动。松下幸之助没有说出华丽的语言，也没有伪装欺瞒，每一句话都是那样朴实、生动，语气中透着真挚、真实，从而使人有种感同身受的理解和同情。正是这份朴实无华的真诚，才换来了客户真诚的交谈和合作意愿。

说话的魅力不在于口若悬河、口吐莲花的表达，而在于能否善于表达真诚，展现真诚的态度。不真诚的人，做起事来就会显得虚伪，让人厌烦，别人自然就不愿意与其交往。态度越是真诚，人们越是爱与其交往，愿意和他说话。和真诚的人交往如沐春风，让人感觉真切、舒服。

爱因斯坦是世界著名的科学家、物理学家，他提出了相对论，对全世界科学研究影响深远。爱因斯坦也因此成为世人瞩目的焦点，很多艺术家想给他画像，很多记者也想要采访他，或为其写传。可是，爱因斯坦对此很反感，觉得这是很浪费时间的事情。

有一次，又有一位画家请求为他画一幅像。爱因斯坦像往常一样拒绝道：

"不，不，我没有时间。"

"但是，我非常需要这幅画像换来的钱。"画家十分诚恳地说道。

"噢，那就是另外一回事了。"爱因斯坦马上改变了态度，"我当然可以坐下来让您画像。"

爱因斯坦本可以像往常一样拒绝想给自己画像的人，可是就因为画家诚恳的话语而改变了主意。这不仅说明爱因斯坦是个富有同情心的人，也说明态度真诚，更能打动人心，使人产生交谈的意愿。

画家虽然没有华丽的话语，但是一句简单的话，就足以表明自己真诚的态度，他并没有避讳为爱因斯坦画像是为了获取利益，他的实话实说跟编造的华丽谎言比起来，显得那样真诚朴实。真诚贵在真实，用内心真实的想法去撩拨对方的心弦，用自己的灵魂去感染对方，比起那些辞藻华丽的话语更有魅力，更能得到对方的好感和支持。

爱因斯坦成名后，听惯了各种恭维、虚伪的话语。当听到那位画家直白而又透着真诚的话语时，自然会觉得难能可贵，因此，才会欣然同意了对方的请求。

真诚是一种做人的态度，我国著名翻译家傅雷在《傅雷家书》中曾经说过："一个人只要真诚，总能打动人的；即使人家一时不了解，日后仍会了解的。我一生做事，总是第一坦白，第二坦白，第三还是坦白。绕圈子，躲躲闪闪，反易叫人疑心。你要手段，倒不如光明正大，实话实说，只要态度诚恳、谦卑恭敬，无论如何人家都不会对你怎么样的。"

那么，我们应该怎样培养自己真诚的态度呢？我们可以从以下几点做起。

1. 做最真实的自己

真诚贵在真实，但人有时候是善于伪装的。为了达到某种目的，有可能编造一些有意无意的谎言，来让话语听起来更加冠冕堂皇。这样的话可能暂时起到作用，但是时间久了，人们就可能看破谎言，产生怀疑。因此，在生活中，少一些伪装，多一些真诚，用真诚的心和人交往，做真实的自己才是最重要的。

2. 多为对方考虑

态度真诚的人，是诚心诚意为对方考虑的人，他们考虑更多的是对方的利益得失，而不是自身的利益。他们能够想人之所想，急人之所急。当你遇到困难的时候，他们绝不会袖手旁观，在你春风得意的时候，他们也不会极力巴结。他们总是出现在你最需要的时候。这样的人最能收获真诚，最容易让人亲近。

3. 坚持自己的原则

态度真诚需要有自己的原则，有了原则，就不会不顾后果地说一些不该说的话，做一些不该做的事。人很难做到一句谎话也不说，但应尽力做到真诚。真诚，并不是要我们做一个没有原则、不懂得拒绝的"老实人"，而是在不伤害自己的前提下，保证真诚待人，帮助他人。

总之，真诚的态度是谈话的基础，也是让对方产生交谈意愿的基础。在人际交往中，没有比真诚更重要的了。真诚或许是一个简单的微笑，或许是一句温馨的话语，或是一个不经意的态度。无论哪一种，真诚都胜过千言万语，都是打开人们心灵的万能钥匙，让人生活得真实、自然、纯粹。

一个充满正能量的人，还没开口，就能让对方感受到强大的气场，说服也就成功了一半。

"正能量"，顾名思义，是一种正向的能量导向，多用来形容积极乐观、健康向上的人生态度。这个词之所以被越来越多的人喜欢、引用，与其传递的积极向上的思想态度有直接关系。在现代，人们面对的挑战和压力很多，人们需要通过正能量来平衡自己的心态，需要正能量来引导自己的行为。

人是感性的动物，在日常的生活、工作、学习中，难免会遇到这样那样不顺心的事，难免被生活的挫折和琐事压得喘不过气来，他们急切需要一个倾倒"苦水"的途径，但由于自身没有释放和调节压力的能力，便成了随处倾诉"垃圾"的"垃圾人"。这样的人在我们生活中随处可见，不仅影响了自己的生活，还影响到了身边的人。

相反，有的人无论在何时都给人以积极向上的感觉，这样的人浑身充满了正能量，散发着同情心、同理心以及亲切感，让人愿意接近。和充满正能量的人交往，让人感觉是安全、舒适的，受其正能量的感染，会让人走出消极负面的阴霾，变得积极乐观起来。

我们在交谈的过程中，就要学会扮演正能量的角色，传达正能量的情绪和信息，将对方从负能量系统中拉回来，把对话引到积极的方向上来。这样不仅能避免对方倾倒"垃圾"，还能让其在正能量的影响下提高谈话的兴趣，从而达到说服对方的目的。

畅销书作家大卫·波莱曾经讲过这样一个例子：

一天，我搭一辆出租车去纽约的车站。车子正安全地行驶在右侧车道。没多久，一辆红色小轿车突然从旁边的停车场冲了出来，正好横在我们的正前方。出租车司机猛踩刹车，车子侧滑，发出刺耳的摩擦声，总算停了下来。当我反应过来时，才发现出租车和红色小轿车之间仅仅剩下几厘米的距离，真的好险。

我被这场突如其来的危险吓呆了。可是，更加令我吃惊的是，差一点儿酿成一场重大车祸的红色小轿车司机非但没有下来道歉，还探出头来对我们破口大骂。更让我没想到的是，出租车司机非但没有恼怒，还微笑着向那个家伙挥手致意。我惊讶地问道："你为什么不骂他，那个男的像疯子一样辱骂你，你不生气吗？"

出租车司机说道："在车道上，许多人貌似开着华丽的车，其实，在我看来那就像垃圾车一样，随时有可能向人倾倒垃圾。他们装满了垃圾飞驰在道路上，充满懊恼、愤恨、失意等垃圾情绪。随着垃圾越积越多，他们也开始承受不住，于是就开始找地方倾倒。如果你给他们机会，他们就会将垃圾肆意地倾倒在你的身上。所以，当有人想要这样对你的时候，千万不要给他这个机会。只要微微一笑，挥一挥手，祝福他们好运，便能拒绝他们向你倾倒垃圾。然后，继续走你的路，只有这样才不会被垃圾污染。相信我，这样自己也会快乐得多！"

果不其然，那个红色小轿车的司机看到出租车司机招手示意时，为自己的无理行为感到羞愧，主动承认了错误。出租车司机就这样成功地避开了对方的无理谩骂，继续积极快乐地向前驶去。

开车的人都知道，路上经常会发生这样那样的摩擦，稍不注意，就可能酿造可怕的车祸。人在开车的时候，很容易出现脾气暴躁甚至破口大骂的情况，简直负能量满满。出租车司机对此应该司空见惯，可是，他并没有因此变得消极起来，而是以礼貌、微笑对待，将积极乐观的态度传递给愤怒的人，将对方引到积极的方向上来，可见，他是一个高明而又充满正能量的人。这便是"授人玫瑰，手有余香"的道理。

当一个人经常传达正能量的时候，和他交流的人便能受到积极、正向的能量指引。就算对方再消极、气愤、烦躁不安，在正能量的引导下，也会变得安静、理性、积极起来。而传达正能量的人本身也会因为自己的正能量的流动而收获更多的正能量，使自己的正面思想得到强化，变得更加积极向上，充满人性魅力。

要做到在说服的过程中传达正能量，就要学会调整自己的心态，在日常生活中培养正能量意识和行为，久而久之，你的正能量便会越来越多。

1. 传递正能量需要好的情绪基础

传递正能量，就是传递好的情绪。好的情绪让人奋发向上，感到快乐、幸福。坏的情绪让人感觉不安、紧张，产生抵触，感觉自己的能量仿佛被吸走，自己是被挑战、挑剔甚至是被攻击的。在负面情绪的氛围下交谈，简直就是一种煎熬，使彼此都想要远离对方，自然谈不上说服，引导对方进入自己的逻辑了。所以，传达正能量需要积极正面的情绪贯串始终。

2. 做一个充满正能量的人

想要传达正能量，首先要做一个充满正能量的人。要深入挖掘自己的正能量潜能，疏导自己的负能量，并善于将负能量转化成正能量。充满正能量的人，会积极地面对生活，他们明白生活本来就是酸甜苦辣咸，学会坦然面对才能收获快乐。快乐时，能尽情享受；烦恼时，也能理性面对。他们相信通过自己的努力，可以让生活变得更好。

3. 学会和压力相处

人们之所以产生负能量，多是因为遇到倍感压力的事。其实，压力是伴随我们终身的事情，谁也不可能完全生活在无压力的环境中。反而，正是因为压力的存在，才让我们更有动力创造更好的生活。我们每天早晨起来，不妨对着镜子，给自己一个大大的微笑。当你笑的时候，正能量便会随之而来，这也是最简单而又有效的缓解压力的方法。

人生是一个不断经受磨炼的过程，如果不经历一些失败、挫折的磨炼，人就很难成熟。当遇到苦难、挫折的时候，我们与其消沉、逃避，还不如勇敢面对，用积极乐观的态度鼓励自己，用充满正能量的言行来引导自己。当你战胜困难的时候，你便会发现，正能量是如此强大的心理能量。一个充满正能量的人，还没开口，就能让对方感受到强大的气场，说服也就成功了一半。

04

步步为营，把对方带入你的逻辑

想要让自己的话更具说服力和影响力，就要一步一步地计划好，做到环环紧扣、步步为营，如果能有次序、由浅入深地进行诱导，使对方一环又一环地进入自己的说服逻辑，最后难以反驳，说服就会事半功倍。

多用赞美，引导对方进入话题

用赞美的话引导对方进入话题，就相当于首先给对方一个大大的拥抱，拉近彼此的距离，从而增加相互之间的好感。这种好感有助于卸下对方心理防线，敲开对方心扉，促进有效沟通的达成。

赞美可以说是世界上最美的语言。

在谈话的时候，多使用赞美的话语，不仅能活跃氛围，还能拉近彼此的距离，引导对方更好地进入话题。特别是想要说服对方认同自己的观点时，先进行恰到好处的赞美，再发表自己的意见和观点，会更容易被对方接受。

因为，每个人都喜欢听好听的话，就像喜欢吃好吃的食物一样。用赞美的话引导对方进入话题，就相当于首先给对方一个大大的拥抱，拉近彼此的距离，从而增加相互之间的好感。这种好感有助于卸下对方心理防线，敲开对方心扉，促进有效沟通的达成。

一位研究成功学的专家向我们讲述了一件亲身经历的事情：

经常到政府机关去办事的人都知道，以前有些政府机关办事效率非常低下。可能是因为每天办理的事情太多了，那些业务员看上去都非常疲惫，总是一副不耐烦的样子，办一件事往往要跑好几趟才能成功。

有一次，我又到那里去办事。这一次接待我的是一位年轻的小伙子。在办事之前，我先问道："先生，你在这里做多久了？"

"4年了。"小伙子连头都没有抬，轻描淡写地回了我一句。出于好奇，他随口问我："怎么，有什么问题吗？"

"是吗？难怪呢！"我有些吃惊地说道。

"怎么了？"小伙子用眼白翻了我一眼，很疑惑地看着我。

"我经常来这里，但是没见过你。不过今天我在这里有个重大发现，那就是：我发现在这个机关里，你是从头到尾最卖力的一个人。"

其实，这并不算是我最大的发现。我最大的发现是当我说完这句话以后，那个小伙子的眼神立马明亮起来，整个人精神倍增，立刻接手办我的事情。

我趁机又赞美道："你对工作真热情，我真希望每次来办事都能遇到你。"

小伙子很快就给我办完了所有的手续。依我往常的经验，那些手续最少要跑两次才能办完，然而那天只用了两分钟。

这样的事情似乎在我们生活中已经屡见不鲜，而赞美的力量在生活中却从没有褪色过。这位亲历者不愧是研究成功学的专家，他深谙赞美之道，懂得赞美的力量。一句"你是从头到尾最卖力的一个人"，一下子让小伙子心里暖暖的，对这个陌生人顿时有了莫名的好感。而正是这种好感，让这位成功学专家得到优待，高效率地办完了所有的手续。

相较于苍白生硬的请求，毫无疑问，赞美更能激发对方的热情，更具有说服力。"良言一句三冬暖，恶语伤人六月寒"，说的正是这个道理。

不过，赞美虽好，如果赞美得不恰当，便会适得其反，有逢迎巴结的嫌疑。所以，赞美也要讲究方法和技巧，才能成为一种具有强效说服力的艺术语言。

1. 赞美要发自内心的真诚

人人都喜欢被赞美，因为这是寻求理解、支持和鼓励的表现。一句真诚的赞美能令人心情愉悦，精神振奋。人的语言是精神的流露，如果不是发自内心的赞美，在情绪和表情上就可能露出马脚，会让人很容易觉察出来，进而怀疑你的真诚度。

所以，赞美要切实发自内心，情真意切，要面带微笑，正视对方，眼神要有交流。就算赞美的话语不够精彩漂亮，但是，你的真诚早已经打动了对方的心，没有人会拒绝一颗真诚的灵魂。

2. 赞美越具体效果越好

实践证明，赞美时能指出对方具体细节上的优点，对方感受到的赞美就更真诚可信。当一个人能力很出众时，如果笼统地说"做得好"，对方可能感觉一般，如果具体一点儿说"昨天你的发言非常好，很有远见"，效果就要好得多。

再如，赞美一个人的着装，如果说"你的衣服很得体"，就感觉没有针对性，而换成"你的领带很独特，和衣服非常搭配，很精神"，就会让对方感受到被特别关注，有被重视的感觉，从而更愿意进行下一步的交流。

3. 赞美要及时而又适度

有研究证明，赞美出现得越早，产生的力量越大。反之，赞美出现得越晚，力量越小，有时甚至丝毫不起作用。所以，对别人的赞美最好在对方行动的当场表达，及时强化，以免错过时机，使对方产生被漠视、被忌妒的感觉。同时，赞美也不能空穴来风、过于浮夸，越中肯越好。

　　例如，名片是一个人成功与否的写照，当接过别人递过来的名片时，要及时给予合适的夸赞：通过查看公司，可以赞美其公司的高规格；通过看名字，可以赞美其名字起得有文化、有内涵；名片上职务印得多，则可以赞美其被公司器重等。

　　总之，赞美别人一定要讲究方式方法，并不是所有的赞美都能让人产生好感。除了要讲究具体、及时、诚恳的原则外，还要懂得要将赞美贯串始终，随时赞美，多些赞美，才能更好地彰显你对别人的真诚和关注度，让你获得对方的好感，引导对方进入你的话题逻辑，进而实现高效说服。

　　俄国作家列夫·托尔斯泰曾说过："称赞不但对人的感情，而且对人的理智也起着很大的作用。"不要再吝惜赞美，你的赞美不仅能给对方阳光与雨露，也能让自己更显魅力。

换位思考，站在对方的角度讲话

换位思考是融洽人与人关系的润滑剂。同一件事，从不同的角度去讲，会产生不同的效果。当我们站在对方的角度去说话时，便能够理解对方的做法，也更容易将对方带入你的逻辑中，从而让对方更易接受我们的建议或者想法。

换位思考，被视为情商高的体现，同这个词连在一起的词还有"将心比心""设身处地"等，都是要求人们能够想人所想，站在别人的角度去思考问题。知易行难，我们作为普通员工，常常会觉得老板过于吝啬，不近人情；可当我们成为老板，又总是觉得员工不够负责，不够勤勉。作为买方，我们认为商家唯利是图；可作为商家，我们就会反过来认为顾客总是斤斤计较。为人子女，有时总觉得父母都是一样的专制，什么都管；可是当我们成为父母，我们就会发现孩子的叛逆期好像总也没个尽头。

立场不同，观点不同。换位思考，就是要设身处地为他人着想，站在对方的角度思考问题，通过想人之所想，急人之所急，来达到相互理解、包容、接纳的目的。在心理学上，我们将换位思考能力也称为"共情力"，这是人际交往中一项非常基础的能力。通过换位思考，我们便能感受到他人的内心世界，实现情感上的共鸣，从而建立和他人之间情感体验、思维方式等方面的亲密连接。

现代作家刘墉先生在自己的书中，列举过很多换位思考的例子。

例如，有一天刘墉正在家里写作，发现窗子开着，有凉风进来，他本想斥责太太："你难道不冷吗？为什么开着窗子？"但他转念一想，这样说话肯定会激怒太太。于是凭借作家对语言的敏感，刘墉换了一种说法："太太！我怕你会冷，把窗子关上吧！"太太听了这话，很是舒心，很乐意地把窗子关上了。

刘墉站在太太的角度上讲话，表现了自己对太太的关心，比没有换位思考前的话好听了不是一点半点，而且太太也乐意接受这个建议。

再如，有一次，刘墉和朋友坐车去参加一个活动，朋友要在车里抽烟。刘墉本想直接说"你把烟熄掉好不好？我受不了"，可是话到了嘴边又吞了回去，他想，这样说话可能会引发朋友的抵触情绪。于是便说道："少抽一根吧！尤其在车里抽，对你身体很不好。"他的朋友听到这话，立马不好意思地把烟熄灭了。

对比一下，是不是后一种说话方式更易让朋友接受呢？你站在朋友的角度上讲话，为他的身体健康考虑，朋友感受到了你的关心，自然而然就接受了你的建议。

所以说，同一件事，从不同的角度去讲，会产生不同的效果。当我们站在对方的角度去说话时，便能够理解对方的做法，也更容易将对方带入你的逻辑中，从而让对方更易接受我们的建议或者想法。

下面就是一个进行换位思考，站在对方角度讲话，从而促成签单的典型案例。

有一对夫妻决定买房，可看了几家售楼中心都没决定好买哪套。这天，夫妻俩又来看楼盘，小刘负责接待他们。经过寒暄后，小刘基本了解了对方的需求。在小刘的耐心介绍下，他们看中了一款房型，可还是不能下定决心购买。

当这对夫妻再次来到售楼部徘徊时，小刘依然热情地接待了他们。这时女子说道："现在房地产市场不景气，万一买了房就降价……"小刘听到这话，终于明白了他们的顾虑是什么，于是面带微笑地说道："我非常理解您的感受，这也是大多数人关注的问题，包括我身边的朋友也都为此担心过。其实，买房就好比您去商场买东西，都想等到打折的时候买。而现在我们这里正在搞活动，优惠力度最大，正是购买房子的好时机。您现在不买，难道要等到房价上涨了再买？"

听了小刘的话，夫妻俩心中的顾虑被打消了，觉得这个销售员确实是站在他们的角度考虑问题的。同时，夫妻俩也被小刘耐心热情、善解人意的人格魅力所折服。看了这么多家，夫妻俩其实在心里也早有了决定，最终，夫妻俩付了首付。

小刘将心比心，以理服人，他明白夫妻俩之所以迟迟不能敲定买房，是因为担心买贵了。而小刘"想等到打折的时候买"的换位思考，"正在搞活动，优惠力度最大"的正向诱导讲话，正合了夫妻俩的心意，让二人觉得此时买更划算，此时买是最合适的。

小刘通过换位思考，站在对方的角度讲话，让夫妻俩认为自己的需求是被人关注的，自己的顾虑是被人理解的，从而引导对方进入自己的说服逻辑，让对方在心理上更容易接受小刘给出的意见和方案。

有一则趣味故事流传颇广，虽然全篇以动物的口吻讲述，但其中的道理却显而易见，那就是告诉我们什么是真正的换位思考。

一头猪、一只绵羊和一头奶牛，被牧人关在同一个畜栏里。有一天，牧人将猪从畜栏里捉了出去，只听猪大声嚎叫，强烈地反抗。绵羊和奶牛讨厌它的嚎叫，于是抱怨道："我们经常被牧人捉去，都没像你这样大呼小叫的。"

猪听了回应道："捉你们和捉我完全是两回事，他捉你们，只是要你们的毛和乳汁，但是捉住我，却是要我的命啊！"

在这个故事中，我们发现绵羊、奶牛说的话并没有错，只是它们没有站在猪的角度去思考问题，所以无法理解猪的感受。由此可见，立场不同、所处环境不同的人，是很难想到对方的感受的。所以，想要做到换位思考，需要充满智慧的头脑，我们可以从以下几个方面着手。

1. 多和对方交流沟通

每个人都是不同的，每个人都有失意、挫折和伤痛的时候，俗话说"家家有本难念的经"讲的就是这个道理。通过多交流、多沟通，我们才能更好地掌握对方的需求点在哪里、对方的难处在哪里。在这个基础上再换位思考地讲话，以一颗宽容的心去理解、关爱对方，便能得到极大的认同。

2. 以真诚的心获取信任

无论做什么事情，态度诚恳都是必须的。只有真心实意地为别人好，替别人着想，才能从心底感动对方。当一个人态度真诚的时候，他便会自然而然地设身处地为对方着想，站在对方的角度讲话，从而得到对方的信任，使自己立于不败之地。

3. 学会体验对方的生活

很多事情，只有亲身经历了才能理解他人的行为。通过深入别人的生活和学习环境，亲身感觉此时此刻自己的心理变化，才能更好地明白对方的所思所想，才能彻底地理解对方，站在对方的角度思考问题，进而提高换位思考的能力。

除此之外，换位思考离不开一颗宽容的心。俄国作家屠格涅夫曾说："不会宽容别人的人，是不配受到别人的宽容的。"所以，学会换位思考，要从学会宽容别人做起。其实，宽容别人也是宽容自己。在一个团队中，领导和下级之间，只有多些宽容和理解，才更具凝聚力，才能获得更大的效益。

换位思考是融洽人与人关系的润滑剂，所以，在人际交往过程中何不摒弃总是为自己着想的习惯，多站在对方的角度想一想呢？也许正因为你的换位思考，你的宽容理解，生活中很多不必要的冲突和矛盾就会从此被化解。

在说服的过程中，只要我们善于分析对方的需求，了解对方的需求点是什么，然后我们便满足什么，就能把话说进对方的心里，进而达到说服对方的目的。

心理学家马斯洛认为每个人都有自己的需求，如人们为了生存，有食物、衣服、房屋等物质方面的需求；为了发展，有安全感、归属感、要求尊重和自我实现等心理方面的需求。只不过不同的人有不同的需求，在不同的时期人们的需求也不一样。

只要我们善于分析对方的需求，了解对方的需求点是什么，换句话说，就是要了解对方缺少什么，然后我们便满足什么，就能把话说进对方的心里，进而达到说服对方的目的。因为没有比满足对方的需求更能打动人心的了。

不过，人是善于伪装的，很多真正的需求被隐藏在心底，无法言说。

这时候，我们便需要仔细分析，得出对方的真正需求，然后把话说到他心里的痒处，这样才能产生巨大的触动，而不是人云亦云，想当然地以大众的眼光看待对方的需求。

说服是一项复杂而又辛苦的工作，说服的过程不仅要付出体力，更要付出大量的脑力劳动。无论什么时候，我们想要给对方留下好印象，都要以了解对方的心理需求为基础，以便说话能有的放矢，更有针对性，更能打动人心。

在圣诞节的前一天，乞丐们在一座美丽的城市举行聚会，他们要推选出一位善良而又令他们感动的人，并准备将大家一起编织的"美丽天使"花环授予他。

乞丐们都推举了他们认为的符合这个标准的最佳人选，有人推举出手阔绰的工厂主，有人推举慷慨地施舍面包和鲜汤的餐厅老板，也有人推举经常免费帮大家治病的医生……正当大家议论纷纷，不能达成一致的时候，一个行走不便的女孩站起来说道："我想，应该把'美丽天使'的花环授予艾伦大婶。"

可马上有人站起来反驳说："艾伦大嫂很穷，没给过我们钞票，甚至没有给过一片面包。"

女孩说："但她给了我们别人从没给过的东西，她每次都对我微笑，并且说：'对不起！我实在没有什么能给你的。'她给了我们最需要而又难得到的微笑和尊重。"

乞丐们听了女孩的话一下子沉默了，随后响起了一片雷鸣般的掌声，大家一致同意把"美丽天使"的花环授予这位一无所有的艾伦大婶。

这个故事告诉我们，有时候给予并不是最重要的，最重要的是要知道对方需要什么。对于以乞讨为生的乞丐们来说，他人的施舍已经成为他们生活的一部分，成为他们的基本需要，但是却不是最重要的需要。他们最需要的应该是作为社会一分子的最起码的尊重。

然而，这对于乞丐来说，可能是最奢侈的施舍了。艾伦大婶虽然一无所有，但是却给了他们尊重的微笑，这样的微笑对于他们来说，才是最难能可贵的。小女孩身为乞丐，她明白乞丐最需要的是什么。所以，她的提议正好满足了大家的心理需求，她的话也说到了大家的心里，使所有人被她的主张所说服。可见，想要成为一名优秀的说服者，我们必须要分析对方的真实需求是什么。

倪匡是一位著名的小说家，他和金庸、黄霑、蔡澜并称为"香港四大才子"。他写过一部特别有名的武侠小说，叫《六指琴魔》，相信很多人都读过这本书，其情节的想象非常奇特。

有一次，倪匡和金庸还有几个文化界的大才子在一块儿吃饭，饭局上有人夸金庸的武侠小说写得特别好，倪匡就对那个人说："你这样的夸赞是不对的，金庸他小说写得好，众人皆知，夸起来呢，他自己心里其实也不会泛起什么涟漪，你应该夸他：您当年学过芭蕾舞，哎哟，您芭蕾舞跳得不错！"

这个人听了，觉得倪匡说得确实很有道理，金庸也对倪匡刮目相看起来。

倪匡之所以这样说，正是因为他太了解金庸了。他知道金庸到底需要什么，什么才能更好地打动金庸。金庸的武侠小说确实写得不错，所以，这方面得到的夸奖也不在少数。对于这样的夸奖，相信金庸早已经听得耳朵都磨出茧子来了。所以，这样的夸奖对金庸来说，实在是没什么新意，自然无动于衷。

而倪匡夸金庸芭蕾舞跳得好，就截然不同了，要高明得多。芭蕾舞本身就是一种很难学、很高雅的艺术，金庸学芭蕾这件事情本身知道的人就少，而且他在这方面再怎么努力，也达不到他在写作方面那么高的造诣。

所以知道的人少，夸的人就更少了。

这个时候，如果你夸金庸芭蕾舞跳得好，他心里自然会觉得很感动，觉得对方是真正了解自己的期待和需要的人，也会对对方产生比较不错的印象。

所以，很多事情并不是表面看上去那样，对方心里真正需要的东西，是需要我们认真思考、深入挖掘的。人家已经做得很好的东西，你再怎么夸奖，也说不出花儿来，毕竟，锦上添花远不如雪中送炭能让人感受到你的好。

倪匡的夸赞之所以能够成功，是建立在对金庸的需求非常了解的基础上。那么，对于不太熟悉的人，我们又该如何分析他的真正需求呢？如何把话讲到对方心里呢？建议从以下两点做起。

1. 从问题中寻找答案

以销售行业为例，客户大多是陌生人，在说服客户之前，提前了解他们的购买需求至关重要。而想要了解他们的购买需求，就要学会从客户的提问中寻找答案。如果客户问"这件衣服多少钱"，证明客户比较关心价格，因此，要多介绍些价格方面的优惠给对方。如果客户问"你们这台电视跟其他电视有什么区别"，证明客户对电视的功能有特别需求，因此，要多介绍一些电视功能上的优势，以此来打动对方。

除了通过客户的主动提问寻找需求答案外，还可以通过询问客户的方式挖掘需求。在提问时，尽量避免客户只需要回答"是"或"否"这样的封闭式问题，如"你是不是……""你想不想……"，而是要让客户多讲些内容出来。记住，你说的话永远没有对方自己说的话对他们有说服力。所以，多引导对方说话才是获取需求信息的关键。

2. 抓住对方的核心需求

人的需求千千万万，有满足基本生活保障的基础需求，如吃饭、睡觉等；也有想要获得更好体验效果的高级需求，如优惠打折、环境很好等。有些需求是迫切需要满足的，有些需求则可以延时满足。基于这些需求进行分析，找出对方最需要、最迫切的核心需求，然后针对核心需求说话，便能说到对方的心里去，达到事半功倍的说服效果。

市场营销学里程碑级的人物特德·莱维特曾说过："没有商品这样的东西。顾客真正购买的不是商品，而是解决问题的办法。"而解决问题的过程，不正是满足需求的过程吗？聪明人会多做有效沟通，知道对方最在意什么或最想要什么，通过这些来确定自己应该说什么，不该说什么，从而有针对性地满足对方的需求，消除对方的困扰，进而达到说服对方的目的。

环环相扣，让对方难以反驳

说服对方，最重要的就是要让对方在心理上接受你。如果想要对方赞成你所说的话，甚至没有反驳的余地，那么，环环相扣、因势利导的说服技巧便是不可或缺的一环。

想要说服别人听从自己的意见，特别是当对方持不同观点的时候，如果直接阐述自己的相反意见，可能会引发对方强烈的不满和抵触情绪。但是，如果能有次序、由浅入深地进行诱导，使对方一环又一环地进入你的说服逻辑，最后难以反驳，要比单刀直入轻松容易得多。

因为，说服对方，最重要的就是要让对方在心理上接受你。如果想要对方赞成你所说的话，甚至没有反驳的余地，那么，环环相扣、因势利导的说服技巧便是不可或缺的一环。

我们在说服别人的过程中，最忌讳的就是盛气凌人，将自己摆在一个绝对正确的位置，喋喋不休地讲一些大道理，这样的说服只会让人反感和不耐烦。我们不妨从一个大家都认可的话题谈起，然后逐步深入，最终引到正题上去。这样，对方可能就不那么抵触，因为对方感受到了你的诚意和用心，也为你的逻辑所折服，还有什么反驳的理由呢？

在这方面最典型的案例，要数中国古代"触龙说赵太后"的过程，它向我们展示了什么是环环相扣、请君入瓮的说服之道。

话说战国时期，赵太后刚执政，虎视眈眈的秦国就要攻打赵国。赵太后向齐国求救。齐国说："一定要用长安君做人质，才能派出援兵。"而长安君是赵太后最疼爱的小儿子，她当然不肯答应。大臣们便极力劝谏。赵太后非常生气，公开对左右近臣说："有谁敢再说让长安君去做人质的，我定往他脸上吐唾沫！"

危急关头，左师公触龙愿意出头，去劝谏太后。

赵太后在宫殿里怒气冲冲地等着触龙。触龙进入殿内，就用快走的姿态慢慢走着小步，到太后面前谢罪说："老臣的脚有毛病，不能快跑，不能拜见您有很长时间了。我私下原谅了自己，但是又怕太后的福体有什么不适，所以还是想来拜见太后。"

太后说："我也是脚不舒服，出门都要靠步辇。"

触龙继续问："您每天的饮食怎么样？"

赵太后说："就喝点儿粥罢了。"

触龙顺势说："老臣近来也特别不想吃饭，于是强迫自己散步，每天走三四里，稍微能多吃点儿喜欢的食物，身体也舒适些了。"

赵太后说："我做不到像你那样散步。"话语至此，赵太后的脸色稍稍和缓了些。

触龙对赵太后说，自己有一个小儿子，私下最疼爱他，希望可以求太后恩典让他进王宫警卫队。太后同意了，问孩子多大。触龙说，15岁，虽然还小，但希望可以在自己死之前给孩子谋个好前程。

太后觉得很神奇："男人也疼爱他的小儿子吗？"

触龙回答得很妙："比女人爱得更厉害。"

太后就笑了："女人爱得尤其厉害。"

触龙话锋一转，说道："老臣以为您爱燕后超过爱小儿。"

太后立马反驳："你错了，我最爱长安君！"

触龙就说："父母爱子女，就要为他们考虑长远。您送燕后出嫁，虽然也很伤心，但是每逢祭祀，您都会祈祷'一定别让她回来'，这难道不是从长远考虑，希望她的子孙能相继为王吗？"

太后深表赞同。

左师公触龙问："从现在起往上推到三代以前，一直到赵氏建立赵国时，赵王的子孙凡被封侯的，他们的继承人还有在侯位的吗？"

赵太后说："没有。"

触龙又问："不仅是赵国没有，其他诸侯国子孙被封侯的，其继承人有在侯位的吗？"

赵太后说："我没有听说过。"

触龙说："这些被封侯的，近灾祸及自己，远灾祸及子孙。为什么？根本原因是他们地位高贵、俸禄优厚却没有建功立业。现在您让长安君地位高贵，却不给他为国效力的机会，一旦您仙去了，长安君凭什么在赵国立身呢？老臣认为您为长安君考虑得太短浅，所以觉得您对长安君的爱不如燕后。"

赵太后说："您说得对。任凭您派遣他吧！"

这是一篇非常成功的说服之作，被誉为"触龙式说服"。

事情开端，就给我们抛出了一个难题。赵太后不舍得让小儿子去做质子，甚至发了狠话"有谁敢再说让长安君去做人质的，我定往他脸上吐唾沫"，可见，赵太后是铁了心不放长安君去做人质了。这时候触龙明知道这是个触霉头的事情，却没有退缩，而是迎难而上，经过一番巧妙的谈话，非但没有受到赵太后的羞辱，最终还达到了劝谏的目的。

触龙之所以能说服成功，跟其在交谈中建立起环环相扣的语言逻辑是分不开的。下面，我们就来分析一下，触龙究竟是如何做到这一点的。

1. 投其所好，避开锋芒，由浅入深

触龙面见赵太后，并没有直接表明来意，而是投其所好，拉起了家常。怒气冲冲的赵太后在触龙的家常话的引导下，抵触情绪渐渐平复下来，触龙也因此拉近了和赵太后的心理距离。就这样，触龙巧妙地避开了锋芒，将赵太后渐渐引到自己的话题方向中。

2. 将大目标分解成利于执行的小目标

触龙的目标是说服赵太后同意长安君做质子。为了达到这个大目标，触龙将目标一一分解。首先，是拉家常缓和关系，然后，让赵太后赞同"爱燕后超过爱小儿"的观点，最后，让赵太后同意"爱他便要为其计长远"的观点。通过一步步地实现小目标，触龙最终完成了说服太后让长安君做质子的大目标。

3. 因势利导，激发共鸣，请君入瓮

触龙通过层层递进，步步深入，据理力争的方法，通过连续诘问的方式，因势利导，激发了赵太后和他的共鸣，让赵太后无从反驳，只能认为其说得实在合情合理，没有任何反驳的理由，最终只好接受了触龙的劝谏。这样的说服逻辑一环紧扣一环，无懈可击，大大提升了说服成功的概率。

这个故事也告诉我们，在日常生活和工作中，想要更好地说服对方，提前设置好自己的说服逻辑，循序渐进地说，要比直截了当地恳求、规劝的效果好得多。不过，采用环环相扣的方式说服对方虽好，也要掌握分寸，以免给人咄咄逼人的感觉。

抓准时机，进攻时一语中的

并不是说得越多，越能达到目的，而是要懂得抓准时机，一语中的，让对方心服口服。

　　大多数情况下，我们并不是为了说话而说话，而是为了达到一定目的而说话。不过，并不是说得越多，越能达到目的，而是要懂得抓准时机，一语中的，让对方心服口服。会说话的人，不仅懂得多说无益，还知道什么时候该说，什么时候不该说，什么时候该说什么。他们总能在关键时候用最简单的语言表达最中肯的意思，就好像一枪便能击中要害一样。

　　孔子曾说过："侍于君子有三愆：言未及之而言谓之躁，言及之而不言谓之隐，未见颜色而言谓之瞽。"意思是说侍奉在君子旁边陪他说话，要注意避免犯三种错误：还没轮到你说话的时候就说话，这是急躁；该到你说话的时候却不说，这叫隐瞒；不看君子的脸色而贸然说话，这是眼盲。"由此可见，找准时机说话是多么重要。

我们在生活中，不可避免地要经常和人打交道，无论是和朋友、同事、领导，还是和家人说话，都要注意说话的场合和时机。抓准最佳时机说话，不仅可以避免尴尬和矛盾的发生，还能让人际关系更加和睦。若不分场合、不顾情绪地信口开河，就可能造成对方的误解，丧失成功说服的机会。

丽丽在一家公司已经工作了很长时间，公司管理方面的很多弊病她都看在眼里。心直口快的她，在主管会议上多次向老总提出改进方案，可都没有被采纳。对于丽丽来说，别的方案不被采纳也没什么，唯独自己管理的机房没有装空调这件事让她耿耿于怀。

因为计算机不耐高温，如果没有空调，就需要经常维修，这无形中就增加了丽丽的工作量。可是，老总对她提出装空调这件事总是不以为意。丽丽猜想可能老总怀疑她装空调是出于私心，所以才不予理睬吧。

直到有一次，老总带着大家去参观文物展览会。在参观的过程中，老总发现一些文物有了破损。讲解员解释道："因为文物需要在恒温下保存，而相关部门因为没有太多的经费来维持展馆里的恒温状态，因此有些文物才出现破损的情况。"解说员还说："特别是在高温条件下，文物的损坏率会更高。"

站在一旁观看的丽丽听了讲解员的话，联想到自己管理的机房没有空调。看着老总因为文物破损颇为感慨的样子，丽丽茅塞顿开，不失时机地说道："其实，咱们公司的机房也有这个问题，因为没有空调，计算机才总爱出毛病的。"

老总听后，不但不反感，还认真地对丽丽说："咱们回去就给机房装上空调。"丽丽简直不敢相信，自己仅仅说了一句话，居然能够奏效，真是喜出望外。

对此，丽丽不禁感慨，曾经自己千言万语都不能说服老总的事情，今天竟然一句话就这样轻易地解决了。可见，找准说话时机多么重要。从此，丽丽说话稳重了很多，她的很多建议也被及时采纳了。

起初，丽丽提出的建议之所以不被采纳，还被老总误解为怀有私心，就是因为时机不对，才总是无法得到老总的认可。而在老总带大家参观展会时，她借老总听到文物破损的缘由心有所感之时，适时地说出了自己的需求和建议，显得那么精准有力，一语中的，也得到了老总的认同，最终她的意见被采纳，实现了目的。

明明是同一个建议，就因为在不同的时候提出，导致了两种截然不同的结果。可见，找准时机说话，是达到说服的关键。时机对了，无须多言，也许只要一句掷地有声的话，事情便能得到解决。不过，如何抓准时机，还是需要积累一定的智慧，经过一番历练才能做到。

1. 通过观察情绪找准说话时机

通常，人们面临毕业分配、工作调动、家庭婚恋以及升职加薪等问题时，特别容易产生思想波动和不安情绪，这时候就要懂得察言观色，认真思量一下到底什么时候说话更合适。如果对方情绪比较稳定，心平气和，往往是说服对方的好时机。如果对方情绪激动，有厌烦、抵触情绪，就要注意一下自己的说话方式、观点是否适宜，这时候往往说话时机未成熟，最好中止谈话，以免适得其反。

2. 掌握对方心理诉求一语中的

人的心理活动与人的思维和情感是分不开的。无论对方说什么话，都会受到一定心理因素的影响。有的人生性傲慢，有的人故意刁难，有的人畏惧害怕……只有掌握了对方的心理变化，才能找到对方的需求点和弱点在哪里，从而让自己的话直击对方的软肋，使对方折服。

如果对方总是居高临下，有傲慢、刁难的心理，我们就采用据理力争的话语，在气势上挫败对方，使对方检讨自己的言行；如果对方有畏惧害怕的心理，我们就采用质问的话语，使对方因为弱点暴露而陷于困境之中。

3. 用一句话获取对方的认同感

话不是越多越好，只有说到点子上的话才是最好的话。交际高手用一句话便能抓住重点，让对方听着舒心，进而认同自己的观点，使对方和自己很快就像相识多年的老朋友一样熟络。想要将话说到极致，说得精辟而又无懈可击，就要在生活中多观察，常历练，懂得对方的心思，掌握便捷有效的语句，才能快速获得对方的认同。

总之，我们在日常生活中要积极观察，耐心等待，抓准时机，或采取恰当的措施创造时机，使说服一举奏效。其实，我们所强调的时机，并没有一个具体的标准，需要自己从说服的目标出发，针对对方的心理和思想状态等特点，自己揣摩拿捏。只要我们用心观察，不断积累说服的方法和技巧，相信我们的说服就能百发百中。

适时退让，最重要的是达成下一步

适时退让是一种高明的策略，只要运用得好，便会取得很好的说服效果。不过，退让不是一味地忍让，永远都要守住底线，给退让留有回旋的余地。

俗话说"忍一时风平浪静，退一步海阔天空"，这句话之所以能流传至今，一定有其存在的道理。在说服逻辑之中，适时退让是一项非常重要的技巧。因为，人与人在交往的过程中，在意见和观点上难免会发生碰撞和摩擦，甚至因此引发不必要的争执。那么，面对剑拔弩张的关系，我们是继续对峙僵持下去，还是适时退让，让彼此有个缓和的机会呢？相信我们会毫不犹豫地选择后者。

当我们适时做出退让的时候，其实，也是为更好地前进打下了基础。通过摆出退让的姿态，我们便能更好地登上进取的阶梯。退只不过是一种表面现象，可正是因为自己在形式上采取了退让，使对方在心理上得到了满足，不仅在思想上放松了戒备，而且作为回报，对方也会满足我们的某些要求。而这些要求不正是我们说服对方的目的吗？在商务谈判中，这种适时退让的策略尤其具有很强的实用性。

当双方出现分歧，无法达成一致的时候，可以先退让一步，顺从对方的要求，用语言和行为使对方放松警戒，然后便可以争取主动，变守为攻，最终达成下一步共识。

巴特先生是一家销售建筑原材料公司的老板，有一次，他遇到一位特别难缠的客户，客户在这里购买了100多美元的毛料，可是迟迟不肯交付全款。巴特先生派人要过好几次都无功而返。

这一天，这位顾客气冲冲地闯进巴特先生的办公室，说他不但不会付钱，而且永远都不会再买巴特公司的东西。巴特先生一直耐心地听他说了足足有20分钟，等他说得差不多了，巴特才接着说："我要谢谢你告诉我这件事，我也明白了您的难处。我为我的员工对您的无理表示深深的歉意。为了表示我们的诚意，这样吧，我们会把您的欠款打个最低折扣，您看这样可以吗？"

可这个顾客并没有因此妥协，还是喋喋不休地抱怨，他的意思已经很明显了，是要免去这笔欠款，去别家选购毛料。巴特先生最终说道："这样吧，既然您不愿从我们这里进购毛料，那我向您推荐几家其他销售毛料的公司吧，您的欠款我们也一笔勾销了。"

这位顾客本想大吵一架，但没想到巴特非但没有为此争辩，还主动给他一再让利，这使他既吃惊又感动。随后顾客的情绪开始平静下来，脸色也缓和了不少，面对这样一个耐心儒雅的商人，他也意识到自己有些莽撞无理，有些难为情了。

最后，他竟和巴特公司签订了一笔比以往任何一次都大的订单，甚至还给自己刚出生的儿子起名为巴特。后来他和巴特公司形成了长期合作的伙伴关系，和巴特先生也成了最要好的朋友。

面对顾客的无理取闹，巴特没有恼怒，而是适时地选择退让，结果因此收获了更大的订单，成为最终的赢家。这也是为什么有人说："用斗争的方式，我们永远得不到满足，但是用退让的方式，我们得到的会比期望的更多。"细细想来，巴特之所以成功，有三个方面的原因：

1. 让对方先开口说话

巴特从这位顾客闯进来后就一直在听他说话，通过这些话，巴特已经基本了解了对方的目的是杀低毛料的价格。同时，巴特也看出对方是一个好胜心非常强的人，如果跟他据理力争下去，结果只能一拍两散，甚至两败俱伤。因此，聪明的巴特选择了退让，这不仅满足了对方占便宜的心理，也满足了其好胜的心理。

2. 没有让步太快

巴特在刚开始时并没有直接取消欠款，而是给对方打了一个折扣，后来，在对方不满意的情况下，才进一步退让，表示可以将这笔欠款一笔勾销。因为，巴特知道，如果让利太快，不仅不能让对方得到心理上的满足，还可能因此使其怀疑让步有诈。而慢慢让步，便显得这样的让步是宝贵的，对方等待越久，也就越会珍惜。

3. 买卖不成仁义在

巴特面对如此刁难的顾客，最终放出了大招，将钱款一笔勾销。这让对方很是感动，觉得自己的需求是被人尊重和理解的，为巴特的大度所折服，彼此间的矛盾也因此得以缓和，从而也拉近了双方的心理距离，最终成为长期的合作伙伴。

适时退让是一种高明的策略，只要运用得好，便会取得很好的说服效果。不过，退让不是一味地忍让，而是为了达成下一步的目标而做出的暂时调整。这也是中国"欲擒故纵"一词所体现出的智慧。毕竟，从长期看，暂时的退让对我们造成的损失几乎可以忽略不计，却可以避免不必要的摩擦和纷扰，进而赢得更多的人脉和财富。

除了以上案例中需要掌握的退让法则外，我们还要注意以下三点，以便更好地实现以退为进的目的。

1. 明确底线，为退让留有余地

无论是人与人相处，还是洽谈生意，都要有自己的底线。如果一味退让，失了自己的原则和底线，伤害了自己不说，对方还可能不懂感恩，甚至变本加厉。这也是人贪婪的本性使然。做生意，同样不能一味退让，以免出现入不敷出亏损的情况。所以，永远都要守住底线，给退让留有回旋的余地。

2. 适当表明自己的难处

人都有要强的心理，面对比自己地位高、能力强、样貌或者财富等方面高出自己的人，心里难免会有压力，感到不舒服，甚至有种忌妒的情绪。因此，适当放低自己的姿态，表明自己的难处，会让对方消除对自己的不满情绪，放下戒备心理，进而愿意和你亲近，为达成下一步共识做好准备。

3. 以退让换取退让

退让的实际目的，是以自己小小的退让来换取对方更大的妥协。这种退让不是盲目的依从，一直做无谓的让步，而是要在每一次让步的时候都从对方手中获得一些对后续谈判有用的东西，以退让换取退让。

总之，只有适时退让，才能更好地达成下一步，才能获取更大的收益。适时退让是说服中的有效手段，它能使对方得到心理上的慰藉和满足，达到心理平衡，进而减少或者抵消你前进过程中的消极因素，进而取得更大的收获。所以，不要吝啬你的退让，最重要的是达成下一步。

掌握技巧，用逻辑占据话语高地

说服是一场博弈，不仅是情感上的互通与感染，更是逻辑上的解释与引导。在说服过程中，逻辑上的严格谨慎与理由的充分完备，是引导对方思维使之与自己同向，获取对方认可的不二法门。

抓住本质，复杂问题简单化

本质是掌控和引导他人心理活动与思维方向的罗盘，想要在双方的互动中成功地说服对方，关键在于能够从对方的言谈中抓住问题的本质。

稻盛和夫先生在《活法》中说道："我们应该具备把事情简单化、直接抓住事物本质的'高层次的眼光'。"本质是掌控和引导他人心理活动与思维方向的罗盘，想要在双方的互动中成功地说服对方，关键在于能够从对方的言谈中抓住问题的本质。

在双方的交流沟通中，我们所面对的情境是各不相同的。在面对各种复杂的情况时，我们首先要运用逻辑思维，保持头脑清晰。厘清其中的内在脉络，寻找剖析方法，找到事物的核心所在，将复杂问题简单化，一切便可如"庖丁解牛"一般顺利解决。如同一个医生，面对再复杂的病情，只要找到病根，便可药到病除。

　　一家享誉国际的大型日化企业和一家位于中国南方的小型日化工厂分别引进了一套同样的肥皂包装生产线，但是在正式使用的过程中却发现这套设备存在一定的设计缺陷。这套设备在自动把肥皂放入肥皂盒的环节中，每100个肥皂盒就有1～2个是空的。这样的产品投入市场的话，必然会对公司产生不良的影响。如果为了筛选空盒而进行人工分拣的话，难度大且成本高，显然是不行的。针对设备所存在的问题，国际大型日化企业便组织专业的技术团队，进行开发研究。耗时一个月，最终设计出了一套重力感应装置，这套装置被安置于流水线的末端，当有空的肥皂盒经过时，计算机便可成功检测到肥皂盒的质量过轻，随后，设备上的机械手就会把空的肥皂盒取走。这家公司对于研发出来的这套"补丁"装备十分满意。

　　位于中国南方的那家小工厂自然也遇到了同样的问题，但是由于经济实力有限，他们并没有足够的资金去聘请专业的技术人员研发"补丁"设备。老板只是留给采购设备的人一句话："如果这个问题无法得到妥善解决，那你就只能下岗回家了。"

　　令人意想不到的是，那位设备采购员到旧货市场花30元钱买了一个二手电吹风。他把电吹风放到生产线的旁边，每当有空的肥皂盒经过时，开启的电吹风就会把它吹离生产线。这个设备所存在的设计漏洞同样得到了有效的解决。

　　无论是大型的日化企业还是小型的生产工厂，最终都解决了遇到的问题，但不同的解决策略却高下立见。大型日化企业，凭借着雄厚的技术和资金优势，匆匆投入研究，虽然问题得到了解决，却花费了大量资金、精力和时间。究其原因，是没有抓住问题的本质，并且把简单问题复杂化了。

　　我们在说服对方时，如果不去抓话语中的重点，而是把精力放在其他细枝末节的地方，就会误入歧途，不但浪费精力，也很难达到最终的目的。

那么，如何准确快速地抓住问题的本质呢？

1. 善于使用逻辑思维

逻辑思维使我们的大脑拥有分析问题与找到问题核心的能力，逻辑思维在我们大脑的整体思维网络中占有主导地位。因此，在面对较难说服的对象和复杂的问题情境时，要善于运用逻辑思维来找到问题的核心点。只有在逻辑思维中找到复杂问题的核心，才能够使后续交涉变得有针对性，使说服对方变得简单。

2. 透过现象看本质

正所谓"大道至简"，复杂的情况背后往往有一个简单的本质核心，而问题之所以变得复杂，大多数是因为我们的主观意识把简单核心包裹了起来，使简单问题复杂化，导致清晰而简单的本质变得非常难以发现。法国著名哲学家、数学家、物理学家笛卡儿说过："我只会做两件事，一件是简单的事，另一件是把复杂的事变得简单。"在交际中，能够清晰抓住本质，把复杂问题变得简单的人才是拥有智慧、掌握主权、可以完成说服对方的任务的人。

3. 抓住主要矛盾

把复杂问题简单化，要找准谈话中的关键点，从关键处着手交涉解决问题，才能够更好地说服对方。在实际的说服过程中，很多问题从表面上看关系复杂、矛盾很多，但经过深入了解、仔细分析后，便可以发现事情本来并不复杂，实质性的问题、关键性的人物也许就那么一两个。要想顺利地说服对方，则只需要抓住主要矛盾，把实质性问题解决好了，关键人物的工作做通了，那么便可顺利地说服对方。

4. 按照原则规矩办事

把复杂问题简单化，就要避免过多地考虑感情、关系等其他因素。"以简单对复杂"，这是应对复杂情况最为直接且管用的招法。向对方提出必然要遵守的原则和绝不应触及的底线，在双方的交谈中，避免人情世故，拒绝不合理的要求，坚持按政策规定办事，一视同仁，那么问题就会变得越发简单，一些烦琐的事情便也迎刃而解。在说服中坚守住自己的原则与底线，也可以避免不必要的争执。

总之，说服对方需要技巧，只要化繁为简，抓住本质，将复杂问题简单化，一切从问题的核心入手，便可使说服变得简单起来。

说服这场富有逻辑的心理战争，需要面面俱到的考量与条理清晰的分析，由此才能够更好地用自己的逻辑去影响别人，从而在说服的战场上进退自如，所向披靡。

　　说服存在于我们生活的各个角落，如推销产品、商务洽谈、面试、汇报工作、演讲，乃至向爱人表白等，都需要用说服来影响对方，让对方认同我们的观点，按照我们的想法去做。如果对方连我们说的话都无法理解，不知道我们想要表达什么，就很难达到说服对方的目的。

　　很多人可能会有这样的经历：自己脑子里明明装了很多东西，有很多话想要说，可是话到了嘴边就是说不出来，就算说出来也总让对方听不明白，更别提说服对方了。之所以出现这样的情况，就是因为没有把想要说的话整理清楚，条理不清晰，导致常常出现词不达意的情况。

　　所以，想要说服别人，首先要把话说明白，进而占据话语的高地，用严谨的逻辑、分明的层次、突出的重点、简单明了的沟通去打动对方。想要做到这一点，就要懂得整理说话的内容，将想说的话一条条地列出来，然后站在理性的高度去整理、分析，按照一定的逻辑将它们组织起来，从而把问题的方方面面都吃透、说透，这样对方就能迅速理解你表达的意思，领会你说话的意图。

多年前，拿破仑·瑞尔受邀对俄亥俄州立监狱的受刑人做一次演讲。当他站上讲台，立刻在听众中看到了他的故友瑞尔先生，瑞尔先生也曾是一个成功的商人。

拿破仑演讲完毕，和瑞尔先生见了一面。交谈后，拿破仑才知道原来瑞尔是因为伪造文书而入狱的，并被判处12年有期徒刑。听过事情始末，拿破仑说："我要在60天内让你离开这里。"

瑞尔苦笑着说道："我很佩服你的精神，你可知道，已经至少有20位有影响力的人士，绞尽脑汁想帮助我得到释放，却无一成功。这是根本办不到的事！"

大概是那句"这是根本办不到的事"激起了拿破仑的挑战欲。他在第二天便去拜访了俄亥俄州的州长。

在进入州长办公室后，拿破仑开门见山地表明了自己此行的目的："州长先生，我这次来是请求您下令释放俄亥俄州立监狱中的瑞尔先生。我之所以提出这样的请求，理由如下：

"第一，如您所知，在服刑期间，瑞尔先生在俄亥俄州立监狱中推出了一套函授课程。

"第二，这套课程已经对俄亥俄州立监狱中2 518名囚犯中的1 728人产生了影响，他们对于参加这个函授课程感到十分愉快。

"第三，据我所知，瑞尔先生的以上行为并未使州政府产生财政支出。

"第四，我也从监狱长和管理人员处得知，瑞尔在监狱中一直严格地遵守着监狱内的规定，表现良好。

"最后，请州长先生您仔细想想，一个能够对1 700多名囚犯产生影响、带动他们积极学习的人，从本质上讲并不算是一个坏蛋。

"所以，综合以上的因素考虑，我特此向您申请释放瑞尔先生。同时，我希望您能指派他担任监狱学校的校长，这将是一个使美国其余监狱的16万名囚犯从善向学的好机会。"

听完拿破仑的话，州长不假思索地说："如果这就是你的请求，那么，即使释放瑞尔先生会使我损失5 000万张选票，我也会毫不迟疑地这样做。"

拿破仑说服州长的目的顺利地实现了，而整个过程耗时甚至未超过5分钟。3天后，州长签署了瑞尔先生的赦免状，瑞尔先生也因此走出监狱的大门，成功地获得了自由。

拿破仑说服州长之所以能够如此顺利地取得成功，与他具有明晰的条理、完善的理由的说服显然是分不开的。为了更好地说服对方，我们也要全面分析问题，有条有理，逐个击破，方方面面都说透。以下是我们需要格外注意的几个方面。

1. 围绕中心，厘清脉络

在说服他人的过程中，首先需要紧紧围绕所要说服的主题，厘清相关的问题。对问题本质的细化分析，厘清问题的脉络，是说服他人的奠基石，也是整个说服过程的基础。只有清晰明了问题的逻辑，才可以得当地组织语言，进而深入开展话题，说服对方。

2. 层层深入，面面俱到

说服是一场博弈，更是双方逻辑上的互通。在交谈中，对于所梳理的脉络需要深入加工才能更好地实现它的价值。因此，在明确观点、厘清思路后，我们需要进一步进行逻辑上的整理，使分析层层深入，环环相扣，不断地引导对方的思考方向，掌控全局。面面俱到的观点未免分散，单一深入的观点难逃孤立无依，如若将诸多问题有逻辑地进行归纳，便可以更好地引导对方，从而实现说服的目的。

3. 细化条例，依靠事实

波顿咨询集团行为经济学家朱莉亚·达尔从担任多年辩论教练的经验出发，在TED演讲中提出，客观事实是如今人们谈话中所缺少的事物。由此看来，如果在说服过程中，从细化的突破点出发，为对方提供客观的调查数据、人事案例等相关事实依据，便可以达到事半功倍的效果，更好地提高说服的可信度。所谓"事实胜于雄辩"便是如此。亦如拿破仑为瑞尔申辩的过程，无论多么细密的构思、充分的理由，都抵不过瑞尔推出函授课程，为监狱做出贡献的事实。

说服不仅是单一情感上的互通与感染，更是逻辑上的解释与引导。在说服过程中，逻辑上的严格谨慎与理由的充分完备，是引导对方思维，使之与自己同向，获取对方认可的不二法门。说服这场富有逻辑的心理战争，需要面面俱到的考量与条理清晰的分析，由此才能够更好地用自己的逻辑去影响别人，从而在说服的战场上进退自如，所向披靡。

不说废话，句句都有针对性

真正的说服不需要夸夸其谈的描述，不需要啰唆无意的赘述，只需要句句均有指向性，句句都有针对性。

在日常的交流过程中，通常会出现这样的场景：有人为了说服对方，说起话来天花乱坠，但再多的言语、再好的修饰也无法取得对方的接受与认可；也有人为了说服对方，提高音量争执不休，可说得再多、分贝再高，也没能取得对方的信任与支持。

很多人在说服中耗尽力气，费尽口舌，结果不但无法说服对方，甚至连话语权都无法掌握。而导致这种结果出现的一个重要原因就在于说服中缺乏逻辑性，话语中缺乏针对性，因而无法取得有效的实际效果。

在说服对方的这场"战役"之中，逻辑思维清晰的说服者必定会使用经过"筛选""过滤"的最精辟、最恰如其分的语句，以最具针对性的话语，表达出最为深刻的意义，从而收获最理想的效果。

下面这场苏格拉底（以下简称苏）与青年尤苏戴莫斯（以下简称尤）的辩论，便是对于说服中话语具有针对性的最好诠释。

苏：对于善行和恶行两者，您了解吗？

尤：当然了解。

苏：那么您认为虚伪、偷盗、欺骗、奴役他人是善行还是恶行呢？

尤：您所说的这些都是把自己的利益建立在剥夺他人的利益基础上的行为，自然都是恶行。

苏：既然如此，那么一位将军战胜了危害自己祖国的敌人，由此才奴役敌人，这位将军的行为是善行还是恶行呢？

尤：那自然不是恶行。

苏：那么如果这位将军在作战中，为了取得最后的胜利，欺骗了敌人并且偷走了敌人的物资装备，这是恶行吗？

尤：这也不是恶行。

苏：可是，刚刚我们讨论过偷盗、欺骗和奴役他人均为恶行，为什么又变了呢？

尤：要判断一个行为究竟是恶行还是善行，有一个需要考量的基础。如果那些做法是对敌人，便不是恶行；如果是对亲人、朋友，那结论自然是相反的。

苏：既然如此，我们便讨论一下第二种情况。如果这位将军在作战时面临被敌人包围的困境，自己的士兵也因食物短缺、同伴伤亡而消极绝望。将军在此情景下，为了鼓舞士气、突围困境，便对士兵们说："我们的援军正在赶来，我们里应外合一举歼灭敌人吧！"将军的话激发了士兵们的信心，带来了最终的胜利。但是他却在这一过程中欺骗了自己的士兵。那么，在此情境下，这种欺骗是否还是恶行呢？

尤：应该是善行才对吧。

苏：假若有人为了阻止朋友自杀，偷偷取走了他藏在枕头下的刀，如此行为，是善行还是恶行呢？

尤：应该也是善行。

苏：如果一个父亲为了让生病的孩子吃药，便欺骗他说药很好吃，父亲这种行为究竟是善行还是恶行？

尤：自然还是善行。

苏：可是你曾说如若盗窃、欺骗等行为是对自己的亲人、朋友便是恶行啊。

尤：哎呀，我现在也无法分辨究竟什么是恶行、什么是善行了。

苏：其实，任何一个概念都不是一成不变的。善行与恶行在不同的情境下自然也有不同的含义。如果想要真正区分善恶，便只有通过学习，拥有丰富的知识，才可以对此做出准确的判断。

苏格拉底针对"善行和恶行"这两个概念展开话题，首先开门见山地向尤苏戴莫斯抛出了"对于善行和恶行两者，您了解吗"这个看似简单、实则复杂的问题。苏格拉底这样问，其实是有目的的，是想通过这个问题找出尤苏戴莫斯认识上的误区，进而因势利导，说出自己的观点。

尤苏戴莫斯轻率的回答，使他很轻易地进入了苏格拉底设置的逻辑之中。然后，苏格拉底进一步将问题深化，又抛出了"那么您认为虚伪、偷盗、欺骗、奴役他人是善行还是恶行呢"这个有针对性的问题。尤苏戴莫斯想当然地认为这些都是恶行，对此，苏格拉底不置可否，而是继续举例印证这句话的真实性。最终，尤苏戴莫斯被苏格拉底问得哑口无言，终于发现了自己认识上的漏洞。

苏格拉底和尤苏戴莫斯的整个谈话过程，没有一句废话，一句紧扣一句，下一句针对着上一句回答的破绽，句句戳心，句句有针对性，说话有的放矢，目的明确。最终，让错误的认识不攻自破，让正确的观念浮出水面。

那么，如何才能更有效地选取有针对性的语言方向，从而说服对方呢？

1. 确定切入点

想要在说服中更好地、有针对性地辩驳引导对方，便需要在对话中准确找到切入点。对方思维上的误区、逻辑上的混乱、考量上的遗漏等均可以成为掌握主动权、成功引导对方的切入点。在交流中保持清晰的思路，从对方的疏漏处找到说服的切入点，是说服对方的关键。

2. 逻辑顺畅

在确定切入点后，便要展开攻势，而在此过程中更要保持逻辑上的简明清晰。良好的逻辑思维是帮助我们说服对方的良好武器，自身逻辑的精准无误更是继续引导对方思维方向的前提。

3. 表述清晰

杜绝毫无意义的赘述，有针对性并清晰明了地表达自己所主张的观点，是有逻辑地说服他人所必不可少的条件。逻辑上的明晰亦需要表述上的清晰才可以更好地发挥作用。在交流中，由切入点进入，佐以清晰明了的阐述，从而引导话题的继续，由此才可以达到说服他人的目的。

在对话中保持清晰的思路，仔细聆听的同时搜寻逻辑的弱点，有针对性地辩驳对方的疏漏，由此掌握话语的主导权，这才是在成功达到说服目的的过程中需要掌控的要点。真正的说服不需要夸夸其谈的描述，不需要啰唆无意的赘述，只需要句句均有指向性，句句都有针对性。

抓大放小，综合考虑事情的利弊

学会抓住大、放弃小的取舍之道，是提升智慧和逻辑说服能力的重要内容。只有抓住了重点，找到了大的方向，在说服的过程中才不会跑偏方向，失了重点，被对方的逻辑所左右。

在说服别人的过程中，要学会站在全局的高度去考虑问题，抓大放小。抓大放小属于管理范畴，是一种管理理念，同时也是一种管理的方式。抓大放小要求在处理事情的时候，抓住主要矛盾和矛盾的主要方面，把控全局，对次要矛盾和矛盾的次要方面忽略不计或只做微观调节。

《周易》明夷卦曰："明夷于南狩，得其大首，不可疾，贞。"象曰："南狩，之志，乃大得也。"意思是说，诸侯趁着昏君去南方打猎的时机，擒获了大首领，做这样的事不能操之过急，要慎重处理善后之事。从卦象上看，去南方狩猎是要有大的收获的。"得其大首"和"乃大得"的要义，就是告诉我们擒贼先擒王，做事要抓关键、最重要的部分，要懂得抓住"大的"，放下"小的"。

抓大放小是着眼于全局的宏观战略，从逻辑关系上来看，指的是大事和小事的相互联系和制约。大离不开小，小也会积累成大，大事和小事是相互联系、不可分割的，它们共同构成了事件这个整体。这要求我们做事情要抓大事、谋大计，从全局角度权衡利弊，真正抓好那些关系全局稳定的大事。

不过抓大也离不开放小，将一些与全局关系不大的小事放下，才能避免对事关大局的大事把握不好方向。所以，放小是抓大的必要条件，把"小"放开了，才能让"大"更好地存在下去。学会抓住大、放弃小的取舍之道，是提升智慧和逻辑说服能力的重要内容。千万不要捡了芝麻，丢了西瓜。

那么，我们该如何抓大放小呢？

1. 明确目标，抓住重点

说服是有目的的沟通，想要说服对方，就要明确目标，想好要达到的理想结果是什么，同时，还要有重点地去做这件事情。只有抓住了重点，找到了大的方向，做事情才不会盲目，才更有针对性，在说服的时候才不会偏了方向，失了重点，被对方的逻辑所左右。

不过，事情往往不是单一的，而是错综复杂地交织在一起。有的多个因素共同导致一个问题，有的一个事情导致多个问题，这就要求当局者能够驾驭错乱交织的局面，对问题综合考虑分析，抓住主要矛盾和关键点，适当关照次要矛盾，引导整个局面重新焕发生机。

2. 学会取舍，懂得放弃

生活的过程，其实也是不断取舍的过程，我们选择了一种，必定要放弃另一种。在面临众多选择的时候，如何精确、果断地做出选择，需要拥有取舍的智慧。迅速判断出什么是自己最需要的，什么是自己不太需要的，自己最适合什么，不太适合什么，这就需要对自己、对事情有个清晰的认识。

"抓大"要求我们抓关键、抓重点、抓主要矛盾，需要我们综合考虑事情的利弊，懂得什么是对自己最有利的，什么是不太重要、可以放弃的。"放小"其实是为了更好地得到。睿智的人都明白这样的道理，他们总是在适宜的时候放权、放钱、放利，从而更好地得到权力、金钱等利益。

善用比较，让对方一眼看出优势

通过比较的方式，分清利弊、找出优劣，使说服的态度更加鲜明，增强言语的可信度和说服力，这样就更容易让对方接受我们的观点，从而成功地说服对方。

生活中处处存在比较，人和人比，货和货比。人与人之间会比吃、比穿、比谁有钱、比谁有能力。物和物之间会比谁的产品性能更好、谁的口碑更佳、谁的报价更低等。通过比较，我们便能找到不同之处，看出孰优孰劣。劣势的会被比下去，优势的会被选上来，这也是优胜劣汰的竞争法则使然。

在说服的过程中，利用比较说服，并不是为了伤害谁，而是为了让对方更好地认同我们的观点，按照我们的说法去执行。比较通常要将两种或两种以上的事物放在一起进行对比，进而突出己方优势，达到更好的说服效果。善用比较，突出自己和别人的不同之处，也就是优势所在，会让对方明白我们和其他人比起来更好，进而更愿意认同我们。

比较，分为横向比较和纵向比较两种方式。横向比较表示在同一时间将事物之间进行比较，纵向比较指的是存在时间差的前后比较。心理学研究表明，当两样不同的东西一前一后拿出来展示时，我们往往觉得两者的差距比实际更大。例如，很多商家先给顾客看贵的东西，然后再拿出便宜的，消费者往往会产生后拿的东西特别便宜的错觉，于是便下了单。当然，这只是比较的一方面。

总之，只要我们善用比较，让对方一眼看出优势，就是成功的比较，就能更好地构建自己的说服逻辑。

安徽省宁国市有一个小企业，职工只有300人，但是这个企业却有一位很有头脑的厂长。厂长在一次与美国的投资公司的谈判中，利用一种特殊的谈判手段，最终获得了该投资公司的投资。

起初的谈判环境是非常不利的。那天从早晨8点多一直到下午5点钟，这家外国投资公司的商务代表已经与众多厂家进行了谈判，甚至已经初步达成了几项协议。当该企业的厂长走进谈判厅的时候，已经是下午5时30分了，再过半小时，商务代表就可以下班，所以已经无心继续进行谈判了。

在这种情况下，谈判从一开始就陷入了僵局。一阵小小的沉默后，对方代表不准备进行这场谈判了，他站起来说："今天不早了，我们明天再谈吧。"

很显然，"明天再谈"只是一个送客的借口，明天他们就要与别的公司签订合同了，厂长对此非常明白。面对这种情况，如果退出谈判，就意味着失去机会，厂长决定最后一搏，他站起来对对方代表说："布朗先生，您不远万里来到中国，确实时间宝贵，我也有很多事要处理，请您允许我再占用您10分钟时间可以吗？"

还好，布朗先生点了点头。

厂长挺直了腰杆，自信地说："我只想讲4个问题，其中3个是我可以不和你们合作的原因。第一，与你们谈判的人，大多想通过合作得到资金，可我不这么想。我们企业每年可以交利税300万元，完全可以养活自己，如果开发新品的资金存在困难，我们也可以向银行贷款，只需要付出利息就可以，而同你们合作，就必须利润分成，这对我们明显不利。"

对方谈判代表没想到这个厂长竟然会说出这样一番话，对他接下来的想法充满了兴趣。

厂长看到对方的反应，更加自信，接着说："第二，别人想通过与你们合作获取优惠政策，可我不想。因为我们是校办企业，已经能够享受国家的各种优惠政策了。与你们合作未必会有更多的收益。第三，还有人想通过与你们合作得到您先进的技术与设备支持，而我不要。如您所知，我们所生产的产品目前在世界上也是一流的，所以在技术、设备以及工艺操作方面，我们不必担心。"

当厂长说完这些话时，对方谈判代表那种百无聊赖的感觉再也没有了，原本尴尬的气氛也变得紧张认真起来。

外方代表都觉得这个厂长很有意思，又对他说的话充满了疑惑。

厂长看出了对方的疑问，继续说："如果我们不想同你们合作，那我还来和你们谈什么呢？实话实说，我们厂所生产的产品，比目前市面上的同类产品更加可靠、方便、节能，发展前景十分广阔，而贵公司的工业科技很发达，占有大量的市场，如果我们进行合作，不但可以发展我方的企业，贵公司的利润也一定会非常可观。"

当厂长说完这席话，对方代表连声称赞。就在这时，厂长却说："布朗先生，我只占用您10分钟的时间，现在我都说完了，也该走了。请您认真考虑我的建议，如果有必要请通知我。"

对方代表见厂长要离开，忙留住厂长，并邀请他共进晚餐。

结果显而易见，外方企业顺利达成了协议，校办企业也因为有了投资，逐渐发展壮大。

从上面的例子，我们不难看出，在谈判中，厂长将自己的公司与其他公司进行了多方面的对比，突显出自己的优势，从而顺利说服对方与自己签订协议。可见，当我们在说服他人时，如若用正面或常规的思路无法取得对方的认可，不妨选取同类事物进行对比，从而增强自己的说服力与可信度。那么，在进行对比时，需要注意哪些问题呢？

1. 选择同类事物进行对比

在使用对比法时，不能盲目地选取对比对象，而是需要选择具有一定关联的两个事物进行对比。如果生搬硬套地将两个不相干的事物进行对比，就会无法看出不同之处，不知道为什么要设置这样的比较，令人不知所云。如将"海尔集团"和"清朝"进行比较，就让人摸不着头脑，因为它们不是属于同一范畴的同类事物，根本没有可比性。所以，只有同类事物之间的对比才可以更好地突显出两者之间的差异，从而引导对方的判断。

2. 找出对比事物的差异和优势

要想成功地说服对方，引导对方做出决定，所选取进行对比的事物之间就需要具有明显的差异性，以证明自己观点的正确性。找不出差异，对方就看不出你的优势在哪里，看不到你的优势在哪里，自然就很难认同你。事实上，我们进行比较的目的，不在于让自己说的话更生动、更完整，而是要通过比较，归纳出能够证明自己观点正确性的根据。所以，比较事物既然已经给出，就要下功夫寻找差异，分析其中的优势在哪里，以实现说服对方的目的。

有一句俗语广泛流行："人比人得'死'，货比货得扔。"这里说的就是比较的威力。在我们说服他人的过程中，善用比较，让对方一眼看出优势所在，往往能取得意想不到的说服效果。通过比较的方式，分清利弊、找出优劣，使说服的态度更加鲜明，增强言语的可信度和说服力，这样就更容易让对方接受我们的观点，从而成功地说服对方。

当我们面对复杂的事情时，不是简单地争斗，也不是一味地忍让，而是懂得拿捏分寸，掌控全局，懂得蓄势待发的隐忍智慧。一旦你积累了足够的力量，在说服中便会出奇制胜。

　　蓄势待发告诉我们要懂得隐忍和收敛，要懂得韬光养晦，低调做人。因为只有这样，我们才能学到更多东西，得到更多帮助，从而给自己争取更多的时间和机会，暗暗地积聚力量，为以后的成功赢得更多的主动权。做人如此，说服别人同样也是如此。

　　说服是一场心理战，说服的过程具有策略性和技巧性，不懂得方式方法的蛮干或碰运气，只会以失败告终。想要说服成功，就不得不花些心思在方法和技巧上，以便更好地占据话语高地，取得说服的成功。懂得蓄势待发，在说服的过程中可以避其锋芒，在保全自己的前提下，储备反击的力量，最终化被动为主动，从而争取到更大的胜算把握。

特别是在双方实力相当，势均力敌的谈判之中，如果直接和对方正面交锋，可能致使双方僵持不下，甚至两败俱伤。聪明的谈判者会选择蓄势待发的方式，迂回地说服对方。首先，表面上敷衍对方，让对方自乱阵脚，放松警惕，然后，暗地积聚力量，寻找突破口，等到时机成熟时，便能一举攻破对方，从而达到成功说服的目的。

在日本商人与美国商人之间所举行的一次技术协作谈判中，两国商人采取了不同的谈判策略，进行了四次交锋。

在第一次谈判中，美方首席代表拿着他们所掌握的各种技术数据、谈判项目以及费用账单等一系列材料，滔滔不绝地发表了己方公司的意见，全然没有理会日方代表的感受。而日本代表则一言不发、仔细聆听，把美方所提的意见一一做好记录。当美方讲了几个小时，征询日方的意见时，日本公司的代表却显得十分迷茫，反复回复道"我不明白""我们还没有做好准备""我们的技术数据还不够完善""我们可能还需要一些时间"等。日美双方的第一次谈判就这么不明不白地结束了。

在双方进行第二次交锋时，日本公司以上次派遣的谈判队伍不称职为由，撤换并派遣了另一个新的代表团与美方继续谈判。而这支新的代表团队全然不知上一次的谈判结果，一切如原来一样，日方代表准备得不够充分。最终，日美双方的第二轮谈判以"继续研究"为名草草收尾。

几个月后，日方又如法炮制了第三轮谈判。这样的情况让美方十分恼火。他们认为日方对这一项目的合作诚意不足，于是下了最后通牒：给予日本公司最后半年时间，如果半年后依旧这样，那么双方的合作将就此取消。随后，美方解散了谈判团队，将相关资料全部封存，等待半年后的最后一次交涉。

出乎预料的事情发生了，几天后，日本派出了由前几批谈判团的首要人物所组成的全新代表团飞抵美国。美方对于日方的突然造访十分意外，将已解散的谈判团成员匆忙召集起来，在惊慌之中仓促应阵。在这一次的谈判中，日本代表一反常态。他们准备了大量可靠的数据，对于项目中所涉及的技术、人员、资金等各个方面的事宜均做了十分精细的策划，将协议书的草拟稿也一并交予美方代表。这使美方代表十分迷茫，最后也不得不在协议书上签字，其中很多协议条款都明显倾向日方。事后，美方代表气得大骂，可不得不承认日方高明的谈判策略。

在日美商人的谈判实例中，我们不难看出，日方实质上是采取了蓄势待发，化被动为主动的迂回说服策略。谈判一开始，美方首席代表便拿出各种数据、项目以及费用等资料，先声夺人地发表本公司的意见和建议。而日本商人却一言不发地听着、记着。面对美方的要求，日方并没有积极应对，而是几次三番地假意推托避让，给人一种被动应付的假象。

然而，我们知道，日方是通过蓄势待发的方式在了解美方的真正意图，当摸清了真相后，便一鼓作气，制订出详细的谈判方案，在美方恼火，解散谈判团，自乱阵脚，放松警觉的时候，突然主动出击，打了美方一个措手不及，从而取得了谈判决定性的胜利。日方表面上是在退让，实际上是在暗地积聚力量，为反击美方争取了时间和机会。那么，在说服过程中，如何能运用好这种策略呢？

1. 给予对方更多话语权

在双方的交流过程中，给予对方更多的话语权，使其有更多表达机会，能帮助我们更好地把握对方的真实意图，了解对方的心理诉求和谈判目的。而且言多语失，说的话多了，就可能将自己的弱点暴露出来，这便为主动出击，击破对方心理防线提供了机会。

2. 制造弱者的假象

蓄势待发的前提是要懂得制造弱者的假象，要表现出自己的无能或无力感，要让对方感觉你是无害的，没有威胁的，从而使其放松警惕。其实，表面的示弱，只不过是为了麻痹对方神经，让对方疏于防备而已。在假象之下，是暗地里真正的行动，或积极的转移防卫，积蓄反击的力量，寻找机会给对方一个出其不意。

3. 等待时机主动出击

了解对方也好，制造假象也好，最终的目的都是赢得说服的胜利，实现自己的利益。当力量积聚到一定程度，对方有所松懈的时候，便是我们主动出击的时候了。这时候，对方的抵抗和防备力量最小，攻势最弱，而我们此时的力量已经远远超过了对方，双方力量已经发生实质性转移，以压倒性的优势力量说服对方，势必事半功倍。

在说服的过程中，特别是在谈判的商战之中，蓄势待发这一策略具有很大的发挥空间。如果运用得当，会取得意想不到的说服效果。当我们面对复杂的事情时，不是简单地争斗，也不是一味地忍让，而是懂得拿捏分寸，掌控全局，懂得蓄势待发的隐忍智慧。一旦你积累了足够的力量，在说服中便会出奇制胜。

在说服中，适度采取激将的方法，不仅不会激化双方之间的矛盾，反而会刺激对方快速做出决定，促使说服目的的达成。

常言道："请将不如激将。"所谓激将法，就是利用别人的自尊心和逆反心理中积极的一面，以言语"刺激"的方式，激起对方不服输的情绪，将其潜能发挥出来，从而达到不同寻常的说服效果。中国古代就有"一怒而定天下"的说法。在说服中，适度采取激将的方法，不仅不会激化双方之间的矛盾，反而会刺激对方快速做出决定，促使说服目的的达成。

适时运用激将法，要求具有很高的口才技巧，要懂得根据对象、环境以及条件的变化恰到好处地运用，而不能滥用。同时，要把握好分寸，不能操之过急，也不能迟疑不定。过急，则欲速则不达；过缓，则对方无动于衷，无法激发对方的自尊感，也就达不到说服的目的。

所以，在说服中，如果能够适时地使用激将法，或许会收到意想不到的效果。

美国富豪约翰逊决定在芝加哥为公司修建一座总部大楼。因为资金问题，他拜访了许多银行，却没有一家银行愿意贷款给他。于是，约翰逊决定一边建设一边筹款。他先是把自己的200万美金拿出来，用于聘请一位建筑承包商，让其放开手脚去建设，并告知对方，余下的500万美金他会另想办法凑齐。

就这样，总部大楼的建设便如火如荼地展开了。等到所剩的钱款只够坚持一个星期的时候，约翰逊恰好和大都会人寿保险公司的一位主管一起吃晚餐。当约翰逊拿出经常带在身上的一张大楼建设蓝图准备向对方讲解时，那位主管对约翰逊说："这儿并不是谈工作的好地点，不如，明天你到我办公室来吧。"

第二天，约翰逊如约来到了那位主管的办公室，他断定自己能从这家公司拿到贷款。他对主管说："我今天最大的希望就是得到能够贷款的承诺。"主管听到他的话，耸了耸肩，说："你一定是在开玩笑，我们从来没有给过一天之内就能贷款的承诺！"

约翰逊把椅子拉了拉，靠近主管，说："你是这个部门的主管，或许你应该试试看自己有没有足够的权力，能把这件事在一天之内办好。"主管笑了笑，说："你这是在激我，你成功了，我真的很想试试看，自己究竟有没有这样的权力。"

主管试过之后，原本说办不到的事情竟然成功办妥了，约翰逊也因此顺利地拿到了贷款，总部大楼的建设也得以继续进行。

在上面的案例中，约翰逊十分巧妙地运用了激将法，借怀疑对方的权力是否足够强大，激起了主管的展示欲，促使对方迅速决定，也让自己顺利地拿到了贷款。在说服中，激将法所收获的效果十分明显，但是对于这种方法的使用也要特别谨慎。

1. 因人而异，慎重选择

激将法的使用一定要万分慎重。在使用激将法时，要注意使用的对象是否适合以及对当时的具体情境进行具体分析。使用前，要对使用对象的性格进行全面的了解，激将法并非对人人适用。一般来说，对脾气暴躁的人使用激将法，会收到一个较为理想的效果；而对于那些城府极深、经验老到的人，或是较为自卑低调的人来说，激将法的作用并不大，稍稍处理不当，就会带来消极的后果。因此，先要彻底了解对方的脾性，再决定是否使用激将法。

2. 抓住对方心理，一击即中

要想通过激将法来顺利地说服别人，最不能忽视的一项就是要了解对方的内心活动。只有深刻地了解了对方的心理，才能够对症下药，选择正确的切入点，刺激对方做出决定，从而达到自己的目的。

3. 言语适度有所保留

激将并不是激化彼此之间的矛盾，而是通过刺激对方的心理来调动对方的情绪。在使用激将法时，要注意自身语言的使用。每个人接受外界的刺激都有一个限度。不痛不痒的语言犹如隔靴搔痒，没有实际的意义，而过于尖刻的说辞，会使对方反感。因此，在使用激将法时，要掌控话语的分寸，委婉含蓄，不伤及人心。

4. 明辨时机，选择合适的方法

在不同的情境中，对同一个人使用激将法，也会带来截然相反的结果，有时能够使其激动不已，有时则会使人消沉萎靡。因此，在使用激将法时，要注重分析当时的环境、考量说话的时机，根据不同的情境选用不同的方法。

　　在交际中，难免会遇到固执己见、不愿采纳他人意见的人。这时，如果能够在准确把握局势、知晓对方性情的情况下，选取合适的时机，采用激将法来对其进行说服，便可以促使对方迅速地做出决定，有效地达到说服的目的。

06

抓住细节，逻辑说服事半功倍

成也细节，败也细节，细节是转动链条上的扣环，是千里钢轨上的铆钉，是太空飞船上的螺丝，是关系说服成败的双刃剑。抓住说服细节，能让你说话办事虚实得法、软硬有度、深浅得当，事半功倍。

态度友善，让对方如沐春风

在说服中，和颜悦色、友善亲和的态度会让对方如沐春风，如此，交谈的气氛就会变得更加融洽，说服过程也将变得轻松起来，从而可以更好地实现说服的目的。

心理学研究表明，在人际交往中，举止、表情以及语言表达方式等，往往都能从侧面反映出一个人的素质与格调，这些细节都影响着别人对他的心理认知。

态度友善、亲和力较强的人，会让人感觉十分亲切，并且愿意与之接触；相反，态度冷漠、亲和力差的人，则会使人产生距离感，不愿意与其有更多的交流。

在说服别人的过程中，我们也需要态度友善，适时调节谈话气氛，与对方和颜悦色地进行交流。友善的态度和良好的氛围会使对方放松心情，降低心理戒备，更加信任我们，从而帮助我们更容易地说服对方。

在一次美国国会选举期间，美国第25任总统威廉·麦金莱经常被一个记者如影随形地跟踪。因为此人效力的报纸与麦金莱的政见相左，所以他经常发表一些对麦金莱不利的报道。麦金莱对这个人感到很是恼火，可内心倒是禁不住暗暗钦佩他攻击自己的那种执着劲儿。

一天，麦金莱坐着马车去附近的一个小镇演讲。天气异常阴冷，没走多远，麦金莱就听见后面传来熟悉的咳嗽声，回头一看，原来是那个正患感冒且衣着单薄的记者，坐着简陋的马车尾随而至。

麦金莱吩咐车夫停下，下车走到记者跟前，说："年轻人，从你的座位上下来。"

记者走下车，心想这个政敌报仇的时机到了。

"拿着，"麦金莱脱下自己的大衣递给记者，"穿上这件大衣，坐到我的马车里。"

"可是，麦金莱先生，"记者颇感意外地说，"我想你大概不知道我是谁。这次竞选我一直对你紧追不放，每次只要你一发表演说，我就会在报纸上发表文章骂你，我今天过来就是要尽我所能将你置于死地的。"

"我知道，"麦金莱微笑着说，"不管怎么说，你穿上这件衣服，先坐进那辆车里暖和暖和，等会儿你好打个漂亮仗。"

结果，从那以后，这个记者再也没有发表过一篇抨击麦金莱的文章。

在人际交往中，友善的态度更能够打动人心。在交谈中保持友善亲和的态度，会让对方如沐春风，可以更好地实现说服的目的。

有一次，张大千先生从上海返回四川老家，他的学生举行了隆重的宴会来为他践行，宴会还邀请了著名京剧艺术家梅兰芳。张大千为人倔强，不善于与人相处，席上的大部分人面对他时都不免有些拘谨。

宴会刚开始，张大千就举杯向梅兰芳敬酒，说道："梅先生，您是君子，我是小人。我先敬您一杯。"

一众宾客都难免觉得莫名其妙，梅兰芳也不解此言深意，于是问道："先生何出此言哪？"张大千微笑着解释道："您是君子，唱戏动口；我是小人，画画动手。"此言一出，大家都大笑不已，梅兰芳也哈哈大笑，举杯一饮而尽。宴会气氛就此热闹开来。

张大千知道大家都十分拘谨，便用幽默的话语扫除大家心中自己一向孤傲的印象，巧妙地打破了宴会中沉闷的氛围。

幽默是一种智慧，是一种风度，有时又是表达友善的最好方法。言语间的诙谐幽默可以活跃气氛，增加人与人之间的亲密度，同时也可以消除谈话中的紧张感，使人身心愉悦。

那么，如何才能展现给对方一个亲和友善的态度呢？除了微笑、拥抱等为人所熟知的方法外，还可以注意以下几点。

1. 使用柔和的语气

想要调节谈话的气氛，表达友善的态度，应尽量使用柔和的语气。语气柔和可以有效地消除对方的排斥感，使对方放松戒备。在产生分歧时更应如此，多征询对方意见，尽量态度柔和地与之商谈，谈话会更加顺利。

2. 用幽默调节气氛

当交谈中出现了枯燥或者紧张的局面，当说服对方的过程中出现了急迫又棘手的问题时，不如有意识地安排一些幽默的语言或故事，不仅可以缓解僵化的局面，还可以拉近彼此之间的关系，使说服进行得更加顺畅。

3. 用真诚的态度打动人心

建立一段良好人际关系的基础，是要有一个真诚的态度。无论是什么样的说服对象，无论是什么样的现实情况，我们都需要保持一个良好的心态，用真诚的心来对待对方，用真诚的态度与对方交谈。诚恳真挚的态度会帮助我们在短时间内赢得对方的信任与支持。唯有付出真心，才可以换得真心。

4. 用细节抓取信任

在说服对方的过程中，要多注意对方的细节。例如，指出对方穿戴上的优点，注意对方的爱好等。从细节处可以更好地了解对方，也可以引入话题，并给予对方被关注、被重视的感觉。从细节入手，可以更好地获取对方的信任。

5. 耐心聆听彰显尊重

在说服别人的过程中，对方的意见、想法十分重要，想要成功地说服对方，要学会倾听，要善于倾听。耐心地倾听对方的意见或建议，对方才会敞开心扉与我们交流。反之，一味地陈述自己的观点，或在别人说话时散漫无礼，会使交谈陷入困境，难以为继。耐心的聆听，会使对方感觉自己被尊重，也会使双方交流的气氛更加和谐。

总之，在说服中，一定要和颜悦色，让对方感受到我们友善的态度，如此交谈的气氛就会变得更加融洽，说服过程也将变得轻松起来。

创设氛围，使双方快速达成共识

气氛在说服他人过程中，对结果有着不可忽视的制约性。要善于"借势"，让环境为我所用，以此影响对方，促使双方快速达成共识，这才是最佳的策略。

　　有人觉得，说服靠的是动之以情，晓之以理。可是，在日常生活中，我们都处在一定的环境氛围之中，难免会受到所处氛围的影响。劝说、说服的效果，自然也会因为氛围的不同而不同。气氛在说服他人过程中，对结果有着不可忽视的制约性。

　　环境，深刻地影响着一个人的心情，气氛融洽、环境适宜，就会拥有更高的谈话积极性，从而更容易收到一个满意的结果。反之，气氛低沉，双方之间的谈话也容易陷入僵局。

　　小于是一家房地产公司的推销员，所在公司最近筹建了新的楼盘。虽然新楼盘位置较为偏僻，但是由于价格合适，便有许多人前来咨询。尽管来看房的人络绎不绝，但是真正成交的却寥寥无几。几个月过去，小于只卖出去一套房子，这让他十分郁闷。相比之下，比他早来公司两年的同事小李的销售业绩就非常好，不到一个月就已经卖出了7套大户型房子。

有一天下班之后，小于请小李吃饭，几杯酒下肚，两个人谈论起了销售业绩的事情。小于一个劲儿地夸小李工作能力强、销售成绩好，表示自己却是个"笨蛋"。

小李听到小于的话，便问他："你每次领着客户去看房，关于洽购事宜的谈论是不是也在工地上进行？"

小于说："是啊，每次带着客户看完房，我都想趁热打铁让对方赶紧签约，所以也就迫不及待地在工地上和他们讨论购房的事宜，但是往往对方都告诉我要再考虑一下，这样就没有下文了！"

小李听了之后哈哈大笑，故作神秘地对小于说："你知道我每次和顾客谈购房的事情都在哪里吗？"

小于摇了摇头，心里想着：小李可能是真的喝多了，在哪里谈不都是一回事吗，这还有什么神秘的？

小李看出小于眼中的不解，于是搂住他的肩膀说："我每次和客户谈合同，都是自掏腰包请他们去咖啡厅。喝着香浓的咖啡，听着优雅的音乐，再欣赏着周围的美景，在这样融洽的气氛里，客户的心情能不好吗？他们的心情好了，买房的意愿自然也就提升了。而你却每次都在尘土飞扬、环境嘈杂的工地上和客户谈合同，人家就算有买房的意愿，也会往后推的。"

小于恍然大悟，这才明白为什么小李的销售业绩那么好，原来他是借助了咖啡厅温馨舒适的气氛哪！

由此可见，选择在舒适融洽的气氛中与对方谈论自己的见解、说服对方，成功的概率相对于其他的环境氛围就大了很多。在谈话中，掌握一定的技巧，与周围环境相契合，创设轻松愉快的谈话气氛，这样双方之间才会产生"共鸣"，产生最有利于自己的结果。那么，在说服对方时，要如何为对方创设一个舒适的环境呢？

1. 选择熟悉且舒适的外在环境

在说服中，首先要注意对说服地点的外在环境进行选择，一般来说，谈话地点的环境有着比较重要的作用。在自己熟悉的地点环境中对人进行说服，往往会形成一定的优势，这会使你比在陌生的环境中更有信心。如果在对方熟悉而自己却感到陌生的环境中进行说服，全新的环境不仅会分散你的注意力，而且还容易削弱你的自信心；相反，对方则占有一定的心理优势。因此，在进行说服时，要注重对说服地点的选择，尽量将谈话安排在自己家、办公室等熟悉的环境中进行，或是在咖啡厅这样气氛轻松的地点，以利于说服的成功。

2. 适时调整谈话内容

在交谈中，要尽量体现自己的友好亲切，谈话内容也要轻松活泼，否则，易使人产生抵触和厌烦的情绪。如果谈话进入僵局，要适时调整谈话内容，转换话题，使谈话氛围保持轻松、愉快，使对方逐渐放下心中的防备，说服效果就会好很多。

3. 创造出说"是"的良好氛围

从谈话一开始，就要创造一个说"是"的气氛，而不要形成一个说"否"的气氛。所谓不形成一个否定气氛，就是不要把对方置于不同意、不愿做的地位，然后再去批驳他、劝说他。比如类似"我知道你会反对他，可是事情已经到这一步了，还能怎样呢？"这样让对方难以接受你的看法的说辞。在说服他人时，要把对方看作"能够做"或"同意做"的看法。比如"我知道你是能够把这件事情做得很好的，只是不愿意去做而已"，又比如"你一定会对这个问题感兴趣的"，等等。在说服中，如果可以从积极的、主动的角度去启发对方、鼓励对方，就会帮助对方提高自信心，使其更容易接受己方的意见，从而促使双方达成共识。

在说服他人过程中，所处的气氛不同，对于不同性质的说服效果也是不同的。任何人处于充满着某种情绪的环境中时，都会受到环境气氛的感染，使自己的情绪不知不觉地被环境所同化。比如，肃穆的气氛，能使人产生悲壮的感觉；明快欢乐的气氛，能使人产生轻松感；壮怀激昂的气氛，能使人的精神振奋无忧；紧张急迫的气氛，则会容易使人产生一种压抑感。当我们想要说服对方，做对方的思想工作时，不可忽视不同环境气氛所能产生的不同说服效果。

总之，在说服别人时，我们要选择适合谈话的地点，创设轻松舒适的气氛，借助环境的力量增加我们话语间的说服力。当然，这些并非决定性的因素。我们要善于"借势"，让环境为我所用，以此影响对方，促使双方快速达成共识，这才是最佳的策略。

肢体语言是表现我们内在信息的一种
外在形式，在说服他人的过程中，恰当地
运用肢体语言，可以更好地帮助我们赢得
他人的信任，从而成功说服对方。

　　肢体语言，也可以称为身体语言，是指通过身体的各种动作来代替语言，借以表达自己情感意图的一种沟通方式。说服对方不仅仅体现在言语沟通之中，当你出现在对方的面前时，这场说服的博弈事实上就已经开始了。在交流中，一个暖心的微笑，一个真诚的眼神，或许都会成为说服成功的关键。心理学家指出，当一个人想要向外界传递出一份完整的信息时，纯粹的语言成分只占7%，声调占38%，而另外55%的信息均是通过非语言的体态来进行传达的。并且，肢体语言通常是一个人下意识的一种举动，很少带有欺骗性。所以，在说服他人的过程中，恰当地运用肢体语言，可以更好地帮助我们赢得他人的信任，从而成功说服对方。

　　巴布耶夫是俄罗斯的一个国际贸易商人，有一次，巴布耶夫的公司与巴西顾客谈下了一个利润非常可观的合作项目。但就在签署合同当天，巴布耶夫生病了，躺在医院里不能下床。于是，他让儿子巴布耶维奇代替自己签约，这样也算是非常有诚意的做法。只不过，巴布耶夫有些担心，他对儿子说："你既不了解两家公司谈判的内容，也听不懂他们的语言，虽然有翻译，但我还是怕你将事情搞砸，毕竟交流也是合作的一部分。"

　　巴布耶维奇却笑着说："你就放心吧，我们除了说话，还有其他交流方法呀。"巴布耶夫很奇怪，问："其他交流方法？""是的，但现在我不告诉你，等回来你看我的结果就知道了。"巴布耶维奇故作神秘地说完就走了。下午时分，巴布耶维奇满意地回到医院，一看就是合同已经顺利签好了。巴布耶夫更加好奇，问身边的人："他都说了些什么？对方公司满意度如何？"身边的人说："真是奇怪，巴布耶维奇并没说太多，倒是不断在做一个手势，结果，巴西商人对巴布耶维奇赞赏有加，还让翻译告诉他：'你是个非常有教养的人，是个很好的倾听者。'真是不可思议。"

　　"手势？"巴布耶夫更迷糊了，追问是怎么回事。身边人才接着说："交谈的时候，巴西商人一直话多，这您是知道的，但巴布耶维奇则表现出听得很认真、很感兴趣的样子，同时还会给予适当的回馈。当对方说得开心时，他就伸出右手，然后握拳，将大拇指夹在食指、中指中间，用力晃动一下，巴西商人一看到这个手势，就高兴地合不拢嘴呢。"

　　"这是为什么呢？这不是一个非常不礼貌的手势吗？"巴布耶夫一脸茫然，在自己国家，对人摆这个手势是要被揍的。一边的巴布耶维奇却笑了，说："可是，国家与国家之间的文化是有差别的。这个手势虽然在我们这里是侮辱的意思，但在巴西却是赞美、交好运的意思。我在他介绍自己国家、家庭的时候总是不断地这样赞美他、祝福他，他当然高兴了，自然要说我有教养。"

　　在沟通之中，想要更加充分地表达自己的感情，加强语言的表达效果，使用适合的肢体语言是非常有魅力而且实用的。它不但能让对方感觉到我们的谈吐恰当，更能回馈对方自己正在积极、认真倾听的信息。恰当地运用肢体语言，能够帮助我们在谈话中取得对方的信任，从而更好地说服对方。不过，要恰当地使用肢体语言，还需要注意以下几个小问题。

1. 动作与语言相协调

身体语言并非一个独立的系统，而是交流中的一部分。人们的一举一动都需要与声音、表情、姿势进行密切的配合，谈话中，任何不真实的行为都会准确地传递给对方。尤其要注意肢体语言与口头表达的配合，避免出现前后失调的情况。如果肢体语言与语言之间出现矛盾，就会使对方对语言的真实性产生怀疑。

2. 体态端正，给人留下好印象

在对话交流中运用肢体语言，动作要自然，符合人们日常生活中的审美要求。在说服中，我们不仅要从对方处得知相应的信息，更要给予对方良好的心理感受。因此，端正的肢体语言、自然优雅的行为方式会更容易获取对方的好感，并将我们所需要表达的信息顺利传递给对方。

3. 运用肢体语言表现自己

肢体语言可以从侧面反映出一个人的内在气质与修养。你的举手投足、一颦一笑都是与自身的学识修养相关联的。在说服对方时，配合谈话内容和谈话情景，辅以相得益彰的身体语言，可以让自己在谈话中更容易获得对方的信任。同时，也要注意选择符合自身气质特征的肢体语言，并在不断锻炼中加以磨合。

肢体语言是表达我们内在信息的一种外在形式，它可以帮助我们把所要传递的信息更好地传达给对方，与此同时，我们也可以借助肢体语言所传递的真实性，来更好地获取对方的信任，从而顺利地说服对方。

在双方的交谈中，将潜意识里的以自我为中心转化为以对方为中心，处处为对方考虑，使对方真正感受到你的真诚、耐心与尊重，将有利于降低说服的难度，增加说服成功的可能性。

人们大多喜欢谈论自己的事情，在说服中也难免会以自我为中心，不断地提出自己的想法与建议。有时候，当我们试图说服对方时，不妨换一种思路，由以"我"开头，变成由"你"开头，更多地谈论与对方有关的话题，转变为以对方为中心，这样会让对方对谈话产生更浓厚的兴趣，从而使后面的交谈变得更加顺利。

在谈话中，设身处地地站在对方的角度进行思考，在言语中把对方放在中心地位，例如，向他说明："如果接受我们的意见，对您是有好处的。"这样的说服方式，会比单纯、直接地说服对方效果要好，成功的可能性也更大。

郑小娟是一位画家，也是电影《周恩来》中邓颖超的扮演者。在拍摄《周恩来》之前，郑小娟从未上过镜头。但是她初入荧屏，就取得了极大的成功，她把邓颖超塑造得生动形象，令广大观众印象深刻。

其实，在一开始的时候，郑小娟是不愿意参与这部电影的拍摄的。其一，是因为她从未参与过电影的拍摄；其二，在于她担心自己没有办法顺利完成这一任务，无法塑造好这一形象。所以，当剧组来邀请她参演这部电影的时候，她便直截了当地拒绝了。她的这一决定，也让《周恩来》的导演丁荫楠非常失望。

后来，影片的一切先前工作都已准备得当，准备开机拍摄。可唯独"邓颖超"这一角色的演员尚未敲定。导演和剧组的工作人员都十分着急，无奈之下，他们找到了郑小娟的丈夫姜坤，希望姜坤能够帮助说服郑小娟参与电影制作，出演邓颖超一角。

姜坤是一个非常热情的人，得知这件事后，便立刻承诺会让郑小娟接拍这部电影。

当姜坤劝说郑小娟时，她非常生气，怪姜坤自作主张。但是姜坤的一席话却改变了郑小娟的决定。

姜坤说："我替你应下饰演邓颖超的角色有4个理由。首先，艺术之间的规律是相通的。绘画与表演相同，你不用为不懂表演艺术而担心，只要用心去学，就可以取得成功；其次，如果你想在美术方面获得更好的发展，那么也应该尝试从姐妹艺术中汲取养分，或许会带给你更多的灵感；再次，你趁着拍电影的机会多出去走走，对身体也是大有裨益的；最后一点，也是最重要的一点，电影拍摄的是咱们敬爱的周总理，我们理当全力相助。"

郑小娟仔细思考了一下，觉得丈夫说得非常有道理，于是接受了出演邓颖超一角的邀请，并一举获得了成功。

从表面上看，姜坤所说的理由十分简单，但是仔细分析他所提出的4点原因便会发现，他之所以能够顺利说服郑小娟，是因为他抓住了妻子的心理，始终把妻子放在中心位置，从心理、事业、身体、情感这4个角度出发列举理由，开导妻子、鼓励妻子，这才最终成功说服了郑小娟。

在说服中，我们需要对对方表示尊重，把对方放在中心位置。同时，我们也需要引导对方进行角色置换，使对方也能够从我们的角度去考虑问题。在交谈中，如何才能更有效地显示出我们对对方的尊重呢？下面介绍几种有效的方法。

1. 记住对方的名字

在交谈中，向对方表示尊重的方法有很多，其中最基础、最主要的一条就是记住对方的名字。名字是一个人最直观的"名片"。一定程度上讲，记住对方的名字，就代表着记住了这个人，说明对方在你心中很重要。记住对方的名字，会给对方留下好的印象，给予对方心理上的满足感。因此，说服对方，要从记住对方的名字开始。

2. 学会倾听对方心声

说服对方，主要是通过语言交流来达成的，而倾听在很大程度上决定着语言沟通的有效性。倾听不仅可以从对方的言谈间获取自己所需要的信息，同时也是对对方尊重的表现。在交谈中，不仅要表现出自己足够的耐心，同时也要尊重对方的意见，对对方的想法表现出浓厚的兴趣，才可以激发对方的谈话兴趣，使对方感受到你的尊重，赢得对方的好感。

3. 请对方提出意见或建议

在日常生活中，当我们遇到自己无法解决的问题时，就会向朋友请教，朋友则会为我们提出许多可行的建议。同样，当朋友遇到问题时，我们也会施以援手。在与对方交流时，不妨将问题提出来，双方共同商讨。这样就可以将对方引导到我们的角色位置上来，对方不仅仅会从我们的角度去思考问题，而且还会为我们出谋划策。这样，不但可以拉近彼此之间的关系，还可以促使双方达成共识，顺利解决问题。

在双方的交谈中，将潜意识里的以自我为中心转化为以对方为中心，处处为对方考虑，使对方真正感受到你的真诚、耐心与尊重，将有利于降低说服的难度，增加说服成功的可能性。

在说服他人时，细心观察，体会交流氛围与交谈内容的变化，恰当地调整表情和语调，更能增强你的说服力。

　　语调不是语言本身，而是语言的外在表现形式。在与对方交谈中，准确而又富于变化的语调，能够增强语言信息的明晰度，影响谈话的结果。

　　通常来说，在不同的背景下，往往需要不同的语调。比如，跟对方谈论起愉快的事情时，应该使用明快而爽朗的语调；跟对方谈论起忧伤的事情时，应该使用低沉缓慢的语调；和对方辩论问题或鼓励对方时，应该使用较高一些的语调。

　　丰富的语调变化，便于表达丰富多彩的内心世界，抒发真情实感。在对他人进行说服时，细心观察，体会交流氛围与交谈内容的变化，恰当地调整表情和语调，更能增强你的说服力。

波兰有一位女明星，她在一个偶然的机会巧用语调，化解了尴尬，一时被传为趣谈。

这位女明星被称为摩契斯卡夫人，有一次，她受邀去美国演出。演出还没开始，有位观众忽然站出来，要求她用波兰语讲一段台词，态度并不友善。

摩契斯卡夫人面不改色，微微一笑，开始用大多数观众几乎没听过的波兰语念起了一段经典台词。她的声音表现力很强，抑扬顿挫，富有韵律，让人听起来非常悦耳。

随着情节的展开，摩契斯卡夫人的语调发生了变化，时而欢快，时而哀婉，时而高亢，时而低沉，最后她的语速越来越快，吐字却字字有力，最终在慷慨激昂中结束了表演。台下的观众沉浸在她用语调表现的情绪中，即使听不懂语言的含义，却也不禁为她热烈地鼓起掌来。而台下一个男人笑得前仰后合，那就是摩契斯卡夫人的丈夫，陪同她前来的摩契斯卡伯爵。

原来，只有他知道，他的夫人刚才用波兰语念诵的竟然是九九乘法表！

这就是语调的魅力，即使失去语言的含义，同样能表达出情绪，甚至控制对方的情绪。苏格拉底有句名言："请开口说话，我才能看清你。"人的声音是个性的表达，也是内在的剖白，你的喜悦、热情、果断都可以传达给对方，你的畏惧、犹豫和缺乏自信也会让对方敏锐地有所察觉。

总之，说服需要细心观察，随时调整语调。毫无变化的语调无法透露你的热情，与对方情绪相反的语调也会使交谈走向恶化。需要对方果断下决定，就要让语调表达自己的信心，给对方以感染。希望对方认真考虑，也要通过语调让对方感受到我们的谨慎和诚意。

可见，针对不同情况，相应地使用和调整语调，对营造良好的氛围，对说服结果的促成都是有利的。那么，如何在交谈中恰当地运用语调呢？

我们可以把握以下几个方面。

1. 语调要因人而异

语调的变化要符合说话对象的情绪。升调，用于提出问题，等待回答，也用于宣传鼓动，惊异呼唤，大多用在情绪亢奋的时刻。降调，声音逐渐降低，句末音节又短又低，在口头交际时用得最为广泛。降调在大多数情况下表示讲话的人情绪较为平稳，如陈述或祈愿时。语调能够影响和带动听者的情绪和精神状态。语调适合听者，才能引发情绪上的共鸣。语调不适于听者，则会导致对方情绪上的波动。因此，在调整语调时，一定要注意因人而异。

2. 掌控好语速

语速快，一般用来表达急切、震怒、兴奋、激昂等情感，但过于快速的表达会使听者产生紧迫感。另外，语速太快，容易导致对方对你输出的信息接收不全，来不及思索和消化，因此无法理解你要表达的意思。语速慢，一般用于表述悲哀、思索等情感，缓慢的节奏可使对方细细品味。但速度太慢也不行，一方面会浪费时间，另一方面也会导致对方失去耐心，失去兴趣。

所以，在交谈中，语速的快与慢应该交替使用，做到抑扬顿挫、张弛有度。

3. 控制好音量

在试图说服别人时总是大声嚷嚷，会给人一种咄咄逼人的感觉，容易使人的神经过于紧张；一直轻声细语，虽然会使人感到亲切，但也可能会让人听不清楚。同时，音量的大小也与谈话场合有关。一般来说，场面较大时，要注意适当提高音量，放慢语速，把握语势上扬的幅度，以突出重点。相反，场面较小时，则要注意适当降低音量，适当加大词语的密度，并把握语势的下降趋向，追求自然。所以，在交流中，应因人而异、因地而异，选择合适的音量，使双方的交流更加舒适。

4. 语调要富于变化

通过抑扬顿挫的语调，可以向对方传递你的兴趣和热情，灵活准确地传达你不断变化的情绪。如果声调单一，就会让人感到枯燥而平淡，甚至产生厌倦的心理。因此，在与对方的交谈中，语调要富于变化，不断调整自己的语调，使自己的语调变化符合当时的外界环境与聊天内容的变化。

5. 说话的声音要和谐优美

说话的声音纯正悦耳，对方就会愿意倾听；声音尖细嘶哑，则会让人难以忍受。优美和谐的说话声音能够增强语言的准确度和感染力，准确鲜明地表达你的思想感情，提高你的说服效果。

科学研究证明，一段讲话是否能被接受，内容的重要性仅占30%，讲话者的身体姿势占20%，衣着占10%，而讲话者的语调要占到40%。同一句话，使用不同的语调，会收获截然不同的效果。因此，在说服对方的过程中，综合考虑时间、地点以及说服对象的差异，选择合适的语调，会帮助我们更好地说服对方。

一个善于审时度势的人，必定是一个善于观察细节的人，一个懂得随机应变，能够根据具体情况，适时选取不同的说服策略的人。

说服通常不是一蹴而就的，在说服的过程中，我们总会遇到这样那样的问题和麻烦。这就要求我们学会审时度势，根据具体情况，分析形势，随时调整说话的策略，改变说话的方式，因势利导，以应对事态的变化。

说服是脑力劳动，审时度势看似简单，实则需要我们不断积累经验和教训才能实现。当我们有了足够的经验时，我们便知道应在什么时间、什么地点、什么情况下，做出什么样的策略调整。

想要做到审时度势，就要有一双慧眼，通过观察对方的表情、眼神、动作等细节，看出对方的反应。同时也要有双灵敏的耳朵，能够在只言片语中听出对方的心声，揣摩对方对自己的话是理解，还是一知半解；是认同，还是存在质疑。一个善于审时度势的人，必定是一个善于观察细节的人，一个懂得随机应变的人。

有一次，浙江省的一家棉纺厂厂长吴锡民作为纺织业的代表，同一家德国厂商协商进口一款气流纺纱机。

吴厂长在事前做了大量的调查，对市场行情可以说是了如指掌。在谈判现场，当对方提出该设备售价25万马克时，吴锡民一口回绝，不仅如此，还压价25%。这一举措让对方非常吃惊，他们没想到中方代表对国际市场信息掌握得如此准确，竟把价格压低到接近德国厂商的出厂价。

但是，在利益的驱使下，再加上对方知道吴锡民必须得到这台设备，所以，德国厂商在价格上不肯做任何让步，就这样，谈判一度陷入了困境。

作为纺织业的全权代表，吴锡民在参加谈判之前就知道，这个设备是目前世界上最先进的，质量也绝对是一流的。这样的好设备自然是炙手可热的。但是对方正好抓住了自己势在必得的这个心理，在价格上不肯让步。吴锡民对此也是非常苦恼。

那几天，吴锡民一直在思考同一个问题："要用什么样的办法才能让对方高高兴兴地以我方的出价与我们达成这项交易呢？"

在第二次谈判时，双方初步进行了交涉，但都坚持不肯在价格上让步。面对这样的情况，吴锡民转变了谈判的策略。

他对外商说："我承认我压的价格是低了一些，但是话又说回来，这两台设备按理来说你们应该免费赠送才对呀。"

"免费？"外商代表听了吴锡民的话，突然间不知所措，不知道吴锡民在搞什么鬼。

吴锡民接着说道："是啊！你们想想，我们是中国第一家引进这款设备的公司。现在到处都在讲窗口效应，贵公司不是每年都要花费上百万元来做广告进行推广吗？中国这么大的市场，你们为什么不可以开一个'窗口'，做做活广告呢？"

吴锡民的话为谈判带来了新的转机，外商觉得他说的话非常有道理，便不再拘泥于眼前的蝇头小利，而是为了今后开辟广阔的中国市场，决定做出让步。

由此，双方很快就达成了协议，吴锡民以出厂价顺利地买回了所需的设备，仅此一项就为公司节省了不小的数目。

吴锡民之所以能够顺利地说服对方，拿下这场谈判，正是因为当单纯围绕价格商谈已经难以取得实质性的进展时，他审时度势，及时调整了说服策略。他撇开价格不谈，转移对方的视线，大谈如果对方接受了自己的意见会怎样，从而打动了对方，成功地说服了对方代表。那么，当我们在尝试说服对方时，怎么做才能及时调整说服策略呢？

1. 全面收集资料

在说服对方时，要提前对对方的具体情况进行充分的了解，充分的准备是能够在谈判中随机应变的前提与基础。只有对对方的情况有清晰全面的掌握，才有可能在商谈陷入困境时有针对性地转换策略，从而成功说服对方。

2. 细心观察情况变化

要想在说服过程中做到随机应变，就要细心观察商谈时的情况变化。例如，对方的心理波动、外部环境的变化以及双方交流的气氛等。只有细心观察这些情况的变动，才能够适时地、有针对性地调整说服策略。只有对对方的情绪变化做到了如指掌，才能够有针对性地调整说服策略。

3. 掌控谈判进程

要想成功地说服对方，就需要针对不同的情景，选取合适的说服策略，其前提就是要掌控谈判进程，只有这样才能及时做出调整。

4. 选取方法要得当

说服的策略多种多样，不同的策略适用于不同的对象。同样的说服策略，面对不同的人、不同的情景会有截然不同的结果；同样的说服策略，使用于商谈中不同的阶段也会产生不同的效果。所以，要学会随机应变，根据具体情况，适时选取不同的说服策略，这样才能使说服进行得更加顺利。

在说服对方的过程中，当遇到难以解决的状况，或商谈陷入僵局，或对方执拗不肯退让时，针对不同的人、不同的阶段、不同的情况不断地调整说服策略，才可以让对方更好地接受你的意见。

07

以理服人，有理有据才能打动人

正所谓"有理走遍天下，无理寸步难行"，以理服人更动人。在说服的过程中，像讲故事一样讲道理，或者巧妙地加入数据，或者将大道理融于日常小事中，或者借助名人效应，借力使力，这些方式可以让说理更有高度，让思想更有深度，用这些方式来代替说教，说服更能深入人心。

讲讲故事，道理一点就透

讲故事的高手，往往就是说服的高手。像讲故事一样讲道理，道理一点就透，更能打动人心。

不得不承认，相对于逻辑严密、条理清晰的说理，人们更喜欢富有人情味的故事。我们在解决问题的时候，需要理性和逻辑，可是当我们想要说服别人时，仅有逻辑和说理是不够的，还要学会讲故事。像讲故事一样讲道理，一点就透，更能打动人心。

纵观商界风云人物，如乔布斯、马云、俞敏洪等，无不是讲故事的高手。会讲故事的人往往都是善于思考的人，他们魅力无限，从他们嘴里说出的话总让人感觉是对的，他们讲出来的故事总让人感觉生动有趣，富有感染力。

讲故事的高手，往往就是说服的高手。他们善于用故事和对方共情，激发对方的情感，进而得到对方的认同和支持。一个有意义的故事能激发出对方强大的信任感，进而认同你的观点，心甘情愿地进入你的说服逻辑之中。一个好的故事也能重塑一个人的思想，帮助对方厘清思路，指引方向。

试想一下，谁会拒绝一个生动有趣的故事呢？通过一个小故事引起对方的兴趣，使对方放松警惕，沉浸到故事中，当对方听完故事，再利用故事中的隐喻来说明道理，这样更容易使对方在不知不觉中接受你的观点，说服的目的就这样轻轻松松达到了。

小军是一家企业的质量监察办公室主任，他刚上任不久，车间生产的一批服装就因为质量问题被退了回来。虽然这是上一任主任留下的"后遗症"，但是为了不让类似的事情再发生，小军决定召开一次监察小组长会议。会议刚开始，大家对小军要说什么心知肚明，于是都抢在小军前面开口，纷纷诉苦，说监察工作难做，而且几十万件衣服，个别几件出现问题也是正常的，对方公司实在有些小题大做。小军想了想，说："我给大家讲个故事吧。"大家不知小军葫芦里卖的是什么药，都安静下来，不说话了。小军见大家安静下来了，便开始讲故事：

"在第二次世界大战期间，有一家工厂负责生产美军的降落伞。由于质量不合格，经常出事故。美军司令发了火，责令工厂一定要提高降落伞的质量。后来在厂商和军方的共同努力下，终于将降落伞的合格率提到了99.9%。但是美军司令依然不满意，强调合格率必须达到100%。对此，工厂负责人很不以为意，这世上没有完美，哪里来的100%合格？能达到这个程度已经是他们能做到的极限了，再完美是不可能的了。很多人也觉得工厂负责人说的话有道理，世上哪里有100%完美的事物？甚至有人认为美军司令有些强人所难。可是，当军方公布了新的检测标准后，奇迹出现了。他们改变了之前检查每一个降落伞的做法，而是在每一批工厂交付的降落伞中随机抽取一个，让工厂负责人背上，从飞机上跳下。从那以后，合格率神奇地变成了100%。"

　　小军的故事讲完了，大家都陷入了沉默。小军语重心长地说："质量是一个企业的生命，也是我们每一个员工的生命。假如我们能像爱护生命一般爱护产品，那么100%的奇迹又怎么不会出现呢？"监察小组长们纷纷表示赞同，并且立下"军令状"，保证自己负责的车间再不会出现质量问题。果然，从那以后，工厂再没出现过因质量问题被退货的情况。

　　面对一片质疑和辩论的声音，小军没有乱加指责，更没有滔滔不绝地讲大道理，而是通过一个故事让大家顿悟。要讲的道理都在故事中，这样一种十分委婉又逻辑清晰的说服，不但不会令人产生反感，反而引起了大家的深思，可谓事半功倍。

　　那么，当你需要使用讲故事的方法去说服别人时，需要注意哪些问题呢？

1. 故事取材要得当

　　在选用故事时，要注意所选取故事的内容是否符合要求。在故事的取材方面，首先，要满足对方的心理需求，要知道对方在想什么，才能选择恰当的故事来击中对方的内心，实现说服的目的。其次，故事的主题应围绕所要说服的内容展开，有明确核心的故事才可以在说服过程中发挥实际的作用。最后，要有引导性，故事情节的走向需要能够引导对方的思考方向，使对方的思考按照我们所预设的方向发展。故事的取材只有满足这三点，才能更好地帮助我们成功说服对方。

2. 故事要兼具情感和逻辑

　　用讲故事的方法说服对方，是想通过双方感情上的共鸣来获取认可，因此，所选择的故事一定要充满感情。空洞直白的故事，不仅不会使对方的情感产生波动，还可能会引起对方的厌烦。相反，故事情感充沛，则会使对方深有所感，从而帮助我们赢得对方的支持，实现说服的目的。需要注意的是，所选择的故事也要具有逻辑性，这样才能从一开始就引起对方的兴趣，让对方悟出其中的道理。

3. 故事要有代入感

无论所选取的故事多么精彩，千万不能忘记讲故事的根本目的是说服听者。因此，故事具有代入感，才可以使听者感同身受，更好地理解故事，引发情感上的共鸣，这样才能更好地说服听者。

人都是有感情、有情绪的，很多时候并不能完全按照条条框框的规则去进行判断和选择。所以，想要影响别人，想要说服别人，就要格外关注人的情感因素。一个有血有肉、情节曲折的故事远比干巴巴的说教更容易达到说服的目的。借助故事的力量，把我们和听故事的人联系起来。通过故事去影响他们，让他们相信我们说的话，采纳我们的意见，从而成功地说服对方，这就是故事的力量。

数字具有非凡的说服力，如果能够在说服的过程中巧妙地加入数字，就可以达到锦上添花的效果，使你的说服力得到很大程度的提高，从而更加顺利地达成说服目标。

在日常工作中，当他人为我们提供了一组数据后，我们的脑海中就会立刻形成一幅具体的图像，实践的成果、实践的前景很快就会在我们的脑海中显现出来，尤其是出现多组数据对比时，这种感觉就更为强烈。可以说，就像是两个不同身高的人站在一起，高下立判。

数字具有非凡的说服力，我们不应该忽视它独有的那种精确、细致、权威的感觉。

所以，如果我们能在说服他人时加入具体的数字进行佐证，就能够将事情更加清晰地展现在对方面前，从而大大提高自己说服对方的成功率。

元朝至正年间，由于海宁一带没有通航，导致海宁一带的水路运输非常不便，所以在运送粮草方面只能通过陆运来进行。但海宁一带的人民已经饱经战乱的困扰，无法再继续征用平民来运送粮草了。这时，将军董博霄向朝廷提出了建议：由士兵自己去搬运军粮。但这一提议遭到了大臣们的一致反对。大臣们认为，国家已经处于战乱之中，将士们面对战争已经要付出很多了，若是连粮草都要自己去搬运，那么，在体力上、调度上都会出现问题，到时候军队的战斗力下降，就可能会导致战场上的失利。

董博霄随即对大臣们解释道："如果由士兵们运粮，可以用一日行百里的运送方法。这个方法就是每10步安排1个士兵，1里地就只需要安排36个士兵，10里地需要安排360个，100里地也不过要安排3600名士兵。这些士兵每人每次只背4斗米，用布袋装好并做上记号。走10步就可以传递给下一个士兵了，士兵们在不停地走，而米也就不用停止运输了。如果1个士兵每天能够走500个来回，他的行程往返也不过是28公里，其中还有一半是没有负重的。也就是说，每个士兵每天负重行走也不过是14公里，这样算下来，平均每天就可以运送200石的米。假若每个士兵每天需要1升米，那么这3600名士兵就能够为百里外的20000名士兵带去一天的粮食。再者说，每个士兵每天的路程不过是28公里，负重10步之后还能够歇一歇，这样劳逸结合，就像是大家一起在玩一个传递的游戏一样，怎么算兴师动众呢？"

董博霄运用数字成功地说服了众位大臣，并且在实行之后也确实收到了很好的效果。

在说服对方的过程中，具体化的数据比任何语言都更有效，比任何说辞都能激发对方对一件事情的关注。明晰的数据，代表着不容争辩的事实。因此，在说服中我们要恰当地加入一些数据来增强自己的说服力。通过运用数据，我们可以将那些平常难以感知或者认识不足的事情讲解得更为形象生动，而且通过具体的数字，也能增强对方对内容的印象，提高对方对我们的信任度。

通过数字所展现出来的事实，要比普通的言语更有说服力。运用数字虽然能够增强你的说服力，使你的言辞更显真实可信，但在运用时也要注意以下一些问题：

1. 数据的准确性

在运用数据之前一定要反复检查确认，保证你所运用的数据是真实的、准确的。在交流中，如果你的数据出现问题，就会失去数据原本的作用，不仅不会增强你的说服力，还会让对方觉得你不够严谨，甚至会让对方觉得你用假的数据来欺骗他，反而得不偿失。数据也会随着社会的发展变化而变化。因此，要不断地更新自己的数据储备，保证提供给对方的数字符合实际情况，并且客观精确。只有精准的数据才可以帮助我们更好地说服对方。

2. 选取数据要有针对性

在使用数据之前，既要考虑数据与说服内容的关联性，同时也要注重分析数据的典型性与代表性。如果它影响范围很小，或者与重要的人或事件毫无关联，对赢得对方的信任毫无帮助，那就没必要使用这样的数据。因此，在选用数据时要十分谨慎。只有拿出那些获得公认的、有较大影响力且具有针对性的数据才能够起到"写实"的效果。

3. 适度使用

万事都有度，数字虽然可以起到非常好的说服作用，但也不能滥用。正所谓"钱要花在刀刃上"，在交流中要避免过于频繁地使用数据，让数字出现的次数抵消了数字出现的效用。

在日常生活中，人们往往都对数字对比有特别深刻的印象。如果能够在说服的过程中巧妙地加入数字，就可以达到锦上添花的效果，使你的说服力得到很大程度的提高，从而更加顺利地达成目标。

小事情往往隐含着大道理，很多道理往往存在于被我们忽略的小事情之中。当我们无法用严密的逻辑征服对方的时候，不妨讲几个身边的小事来调剂一下情绪，这样会让对方更容易接受。

想要有逻辑地说服别人，不单单需要建立严密的逻辑推理，还需要讲述一些深入浅出、诱发对方思考的小故事来进行辅助说明，特别是一些发生在身边的小事。

其实，小事情往往隐含着大道理，很多道理往往存在于被我们忽略的小事情之中。所以，千万不要小瞧身边小事的说服力量，正因为这些微不足道的小事，才让人觉得真实可信，并且深信不疑。当我们无法用严密的逻辑征服对方的时候，不妨讲几个身边的小事来调剂一下情绪，这样会让对方更容易接受。

另外，在说服他人的过程中，对于对方所提出的问题，难免会有一些无法解释得清晰透彻的情况，这时，倘若运用生动的、众所周知的实例，从中引出一番能为人所领会和接受的道理，然后再以此类推，把这番道理运用于需要说明的论题，则会使我们说话的可信度和说服力大大增强。

邹忌身高八尺多，而且身材容貌光艳美丽。城北的徐公，亦是齐国出了名的美男子。有一天，邹忌穿戴好衣帽，照着镜子，问他的妻子："我和城北的徐公相比，谁更好看呢？"

他的妻子说："当然是你更好看，徐公怎么能和你相比呢？"

邹忌不相信，于是又问他的小妾："我和徐公相比，谁更美呢？"

他的小妾回答说："徐公比不上您。"

第二天，有客来访，邹忌同他聊天，邹忌问来访的客人说："我和徐公相比，谁更美呢？"客人说："徐公不如您美啊！"

又过了一天，徐公来邹忌家中拜访。邹忌仔细地端详他，觉得自己并不如徐公美，再照照镜子，更觉得远远比不上人家。晚上的时候，他躺在床上想这件事，终于得出了结论，那就是："我的妻子认为我美，是因为她偏爱我；我的小妾认为我美，是因为惧怕我；而我的客人认为我美，是因为有求于我。"

于是邹忌便上朝拜见齐威王，说："我确实知道自己不如徐公长得美。可是我的妻子偏爱我，我的妾室惧怕我，我的客人有求于我，所以他们都觉得我比徐公美。如今的齐国土地广袤，城池众多。国内的百姓，没有不对大王有所求的，由此看来，大王所受的蒙蔽一定很深了。"

齐威王说："你说得不错。"于是就下了一道命令："所有的大臣、官吏、百姓，能够当面指出我的过错的，可获上等奖赏；能够上书劝谏我的，可获中等奖赏；能够在众人集聚的公开场所指责、评论我的过失，并被我知晓的，可获下等奖赏。"

政令下达时，所有的大臣都来进言劝谏；几个月后，偶有几人前来进谏；一年之后，即使有人想进谏，也没什么可说的了。就这样，齐国越发强盛起来。

邹忌巧用自己身边家长里短的小事为例，证明自己的妻妾是出于私心才说自己长得好看的，以此告诫齐威王不要闭目塞听，一意孤行，要懂得听取众人的劝谏，才能避免认识上的错误，纠正行为上的偏差。齐威王最终听取了邹忌的话，从而带领齐国走向强盛。邹忌的成功离不开他对身边小事的留心，也证明身边小事具有很强的说服力，更容易让对方接受，乃至深信不疑。

所以，在说服别人的过程中，用身边小事设喻，由己及人、以小见大，既可以让人感到亲切，又能将道理说得浅显易懂，具有很强的说服力。在说服对方的过程中，遇到争论、挑衅或是棘手等难以解释清楚的问题时，不妨像邹忌一样，寻找一个简单却极有说服力的例子，便可以很好地消除对方的质疑。在选取事例时，也要注意以下几个问题。

1. 事例要贴近生活

想要通过身边小事来说服对方，那么所选取的最好是贴近日常生活的，与说服对象息息相关的日常小事，这样的小事可以更好地引起共鸣，可以帮助我们更好地引入所要说服的主题，达到说服对方的目的。这就需要我们在生活中多留心、多思考，从小事中悟出大学问，才能在说服他人的时候信手拈来。

2. 事例要众所周知

我们的说服是要讲给别人听的，而不是只讲给自己听的。如果对方对事例闻所未闻或者一知半解，就可能质疑你说话的真实性，也就很难认同你说的道理。所以，我们讲述的小事最好是众所周知的事情，与我们关系密切的人的事情，是大家都能理解的事情。

3. 事例要与主题相关联

身边小事很多，但如果和所要说服的主题无关，那就等于没说。所以，我们选择的小事必须和主题相关联，切合主题要表达的思想和动机，这样才具有针对性和说服力。这就要求我们明确说服的目的是什么，然后围绕这个目的搜集相关的小事。当我们说出身边贴切、恰当的小事的时候，往往更能激发对方思想和情感上的共鸣。

很多时候，往往是小事虽小，但道理不浅，正如"麻雀虽小，五脏俱全"一样，很多小事都蕴藏着巨大的人生哲理，能够以小见大。所以，我们要多留心观察身边发生的小事，勤动脑、多思考，从小事中洞见大学问，练就"一叶知秋"的本事，从细微处洞察事物发展的规律，了解万事万物的道理，增强说服的能力。

名人事例代表着权威、影响力、可信
度，在展开说服前不妨提前准备一些相
关的名人事例，借助名人的效应，借力使
力，让说理更有高度，让思想更有深度，
让重点更加突出，让说服更能打动人心。

　　在说服的过程中，列举名人事例，不仅能让说服更生动形象，还能提
升说服说理的高度。心理学认为，人们对于社会上的名人都有一种崇拜心
理，在这种心理的作用下，人们会产生爱屋及乌的行为，也就是说，因为
喜爱名人，也对名人身边的事喜欢起来。这种影响就好像月亮的光环一
样，向周围弥漫扩散，让人只能感受到好的一面，对不好的一面忽略不
计，这种现象又称为"光环效应"。

　　当我们在说服别人时，列举名人事例，便会让对方受到"光环效应"
的影响，对名人、对你说的话产生好感和认同。通过名人事例，我们能更
好地引起对方的注意，使说服更有高度，增强说服的影响力，从而让对方

对我们说的话深信不疑。

所以，借助名人事例增强说服效果是非常好的办法。特别是对方对我们的观点存在质疑的时候，选择适当的时机，引用名人事例，更容易打动对方，起到事半功倍的说服效果。

名人事例代表着权威、影响力、可信度，在展开说服前不妨提前准备一些相关的名人事例，借助名人的效应，借力使力，让说理更有高度，让思想更有深度，让重点更加突出，让说服更能打动人心。

乐乐是一个8岁的小男孩，现在已经上二年级了。可是乐乐妈妈为乐乐不爱学习伤透了脑筋。乐乐是个活泼可爱的孩子，可是做什么事情都是三分钟热度，坚持不下来，结果什么事也做不好。在学习上也是，总是要乐乐妈妈督促着、陪着才肯学习，时间长了就不愿意学了。

有一天，妈妈带乐乐去公园玩。乐乐仰望着天上飞的风筝，若有所思地说："风筝飞得好高哇！"妈妈看着乐乐入神的样子，突然意识到这是一个教导乐乐的好时机。她对乐乐说道："你知道吗？从前有两个小男孩像你一样大，他们也喜欢仰望天空……"接着，妈妈给乐乐讲了这样一个故事。

在美国一个乡下小镇，住着普通的一家人。有一天，两个儿子像往常一样跟着爸爸去山坡放羊。这时正值寒冬，穿着单薄的父子们冻得瑟瑟发抖。这时候，一大群大雁从他们的头顶飞过。其中的小儿子看着头顶飞过的大雁问父亲："大雁要飞到哪里呀？"爸爸说："它们要飞到温暖的南方，在那里安家，等这里寒冬过去再飞回来。"大儿子这时羡慕地说："要是我们也能像大雁一样飞起来就好了。"小儿子也兴奋地说："要是能做一只会飞的大雁该多好哇！"

他们的父亲沉默了一会儿，然后对他们说："只要你们想，你们就能飞。"两个儿子真的试着飞起来，当然这是不可能的。他们困惑地看着父亲，好像在说，您在骗我们吧？这时，父亲接着说："让我飞飞看。"他张开双臂，也没能飞起来。可是，父亲肯定地说："我因为年纪大了，所以飞不起来，你们还小，只要坚持梦想，不断努力，将来一定能飞起来，去想去的地方。"

等这两个儿子长大了，他们真的飞上了天空。因为他们经过自己的努力，制造出了飞机！他们就是美国著名的莱特兄弟。他们发明了世界上第一架飞机，实现了飞天的梦想。

乐乐听了这个故事，终于明白了妈妈的良苦用心，也认识到了自己的缺点。在妈妈的帮助下，乐乐逐渐改掉了不爱学习、做事三分钟热度的毛病，学习成绩也慢慢地好起来了。

妈妈通过向乐乐讲述名人事例，让乐乐明白了坚持梦想的重要性。也许乐乐对莱特兄弟不是很了解，但是，他明白能够发明飞机的人一定不是一般的人物。

他们的故事对乐乐起到了极大的激励作用，让乐乐懂得只有坚持去做一件事，才有可能成功的道理。妈妈列举的名人事例生动贴切，因此，才能深深打动乐乐的心，使乐乐向着妈妈引导的方向发展，妈妈也因此达到了说服乐乐的目的。

对于名人的崇拜是一种普遍现象，孩子如此，大人也是如此。巧用名人事例来增加说服力，是一种非常高效的说服手段。那么，我们在说服的过程中，列举名人事例，应该注意些什么呢？

1. 列举事例要真实，要弄清事例的出处

无论列举什么样的名人事例，真实可靠都是首要条件。如果列举的事例是不真实的，本是这个人的事，却说成另一人的事，就可能让说服的力量大打折扣，甚至让对方怀疑你整个说服的内容的真实性。所以，保证真实性，也是保证对方对你的信任感。在列举名人事例之前，最好做一下考证，以确认这件事是真实可靠的。

2. 列举事例要贴切，符合说服的中心思想

列举事例最重要的就是要符合主旨，为内容服务。所以，列举名人事例，要保证其核心思想贴合说服的主旨。同样的一部著作，从不同的角度思考会有不同的理解，这就是务必弄清原著本意的原因。有时，有些事例乍一看可能是符合主旨的，可是仔细一品味，可能又是另一种意思。这就需要我们深入分析事例，不要歪曲原意，弄懂后再加以引用，切忌牵强附会。

3. 在平时多积累素材，说服时便能顺手拈来

我们平时积累的名人事例越多，在说服的时候越能很好地派上用场。所以，平时可以多看看名人故事，多积累些名人素材。名人事例可以是古代的，也可以是当代的；可以是中国的，也可以是外国的；可以是政治界的，也可以是文艺、学术等界的。我们将这些素材分类整理出来，需要的时候就可以方便使用了。

事实上，随着时代的发展和变迁，有很多经典名人事例，随着人们口口相传，已经失去了其原本的模样，出现了很多不同的版本。这就要求我们在引用时尽量引用原文，以防出错。

当我们遇到难以解决的问题时，不妨借助一些名人事例鼓励自己，激励他人，让别人更好地接受我们的观点，达到说服的目的。

名言堪称语言的精华，它们具有文字精练、言简意赅、朗朗上口、逻辑性强、风趣幽默等特点，也具有很高的艺术感染力。引用名言，往往能把道理讲述得更加耐人寻味，也增加了说服的含金量。

引用名言，把道理讲得耐人寻味

名言之所以具有很强的说服力，是因为它们通常是名家、名流、名人所说的话。这些人具有很大的权威性，如果我们引用他们说的话来证明我们表达的观点，那无形中就会增加自己语言的影响力和可信度。而且，名言往往是名人们智慧的结晶、日常经验的提炼，具有很强的思想深度和行动的指导性。引用名言，往往能把道理讲述得更加耐人寻味，也增加了说服的含金量。

名人名言经受住了时间的洗礼，是权威的、令人信服的言辞和观点，所以才能流传至今。这些名言堪称语言的精华，它们具有文字精练、言简意赅、朗朗上口、逻辑性强、风趣幽默等特点，也具有很高的艺术感染力。引用名言，说服会变得更具艺术气息，也更加突显说服逻辑的理性智慧。

因此，通过引用名言可以增强说服力，是毋庸置疑的。也正是因为名言有着巨大的影响力，很多高超的谈话者将其引用到谈话中作为自己的有力论据，让自己的语言的可信度更高。他们通过引用一些哲理性非常强的名言来阐述和强调自己的观点，达到一边摆事实，一边讲道理的目的。

俄罗斯前总统梅德韦杰夫就是一个非常擅长引用名言的国家领导人。

2008年，他在北京大学的一次讲演中，就多次引用中国传统文化名人的话来表达对中俄发展战略合作关系的愿景。如引用孔子《论语》中的话"学而时习之，不亦说乎"来表达学习的态度，引用老子《道德经》中的"使我介然有知，行于大道，唯施是畏"来说明中俄发展战略合作关系是正确的道路。

他引经据典的演讲赢得了北大学子阵阵雷鸣般的掌声。

在我们平常生活中，也有很多通过引用名言而得到别人认同的成功案例。

小华平时很喜欢阅读，尤其对名家传记特别感兴趣，闲暇时背下了不少名人警句。可令她没有想到的是，她有一天因为这个，而谈成了一个极其困难而且交易额巨大的业务。

那位客户是一名年过五十的中年男子，据说在经商之前曾是一所知名大学的教授，是一个非常冷静和理智的人。在与小华见面之前，已经有不少人跟他洽谈过，但是大多数人都是折翼而归。小华在刚开始接触他的时候，他的表现也十分冷淡。

当时，小华也觉察出了他的冷淡，心里不禁产生了要放弃的念头。恰巧在那个时候，小华用了一句很贴合当时心情的诗词"欲渡黄河冰塞川，将登太行雪满山"来调侃自己，谁知就是这句脱口而出的名言让那位客户对她刮目相看。

那位客户听后微微一愣，忍不住重新打量了小华一番，当时也没有多说什么。

小华原本以为这个案子完全没有任何希望了，可令她没有想到的是，几天后，她意外地接到了那位客户打来的电话，并且客户在详细地了解了情况之后，就跟她签单了。

这令小华感到有些奇怪，直到后来，她才从同事的口中得知，那位客户之所以选择跟她签约，就是因为她说出的那句名言。

名言之所以能经久不衰地广为流传，就是因为它们能经得起时间的考验，符合大多数人的思想意识。它们简短却铿锵有力，富有思想深度和让人一听就充满信服的力量。有的名言磨砺心志、鼓舞人心，能帮助人们从困难中重新振作起来；有的名言富含哲理、耐人寻味；有的名言风趣幽默，能让人扫去内心的阴霾；有的名言饱含深情，能引发人们情感的共鸣……所以，千万不要小看名言的力量。

在我们与人交往时，如果想要给对方留下一个好的印象，除了外在形象，个人文化素养也是重要的影响因素。小华因为随口说出的一句名言，便引起了对方的注意，让对方认为她是个有思想、有文化的人，建立了对她的良好印象。因此，小华才能成功得到对方的认可，得到了签约的机会。

不过，我们在引用名言时，一定要保证其准确性和真实性，千万不要因为错误的引用而产生适得其反的效果。那么，我们在说话时该如何正确地引用名言呢？

1. 先弄清原话的出处，不要张冠李戴

如果同一句话，被许多名家都引用过，那你在引用的时候一定要追本溯源，弄清楚名言的出处。如果某句名言明明是这个人说的，你却把它说

成是那个人说的，那就贻笑大方了。引用名言，最忌讳的就是张冠李戴。

2. 要全面领会原文，不要把意思弄反了

每一句话都是在一定的背景环境下所提出的。同样的一句话，原著的意图可能是讽刺，是贬义，当然也有可能乍一看是贬义，但仔细一品味却是褒义。如果你在引用的时候没有弄清楚原著作者的本意，就随意地拿过来用，就很容易歪曲原意，这对于说服也很不利，容易被人驳倒。因此，在引用之前，一定要仔细分析原文的意思，弄通弄懂之后才能加以引用。

3. 尽量引用原文，不要以讹传讹

经过时间的洗礼，有很多经典的名人名言如今已经出现了许多不同的版本，这就要求我们在引用时尽量引用原文，切忌以讹传讹，将错误延续下去。否则不仅起不到说服效果，还可能因为自己的失误，给对方留下不值得信任的不良印象。

总之，说服对方的过程也是一个展现自身魅力的过程，你的学识、教养、语言表达能力、应变能力、观察力、共情力等都会通过说话沟通的过程表露出来。利用名言增强语言表达的能力，是直接有效的手段。这样不仅可以增强自身语言的说服力，同时也会提升自己在对方心中的形象，使其更好地认同你。

最后以一段名言结束本章节——"我不能左右天气，但我可以改变心情；我不能改变容貌，但我可以展现笑容；我不能控制他人，但我可以掌握自己；我不能预知明天，但我可以利用今天；我不能样样顺利，但我可以事事尽力；我不能决定生命的长度，但我可以拓展它的宽度。希望每个人都拥有这积极向上的生活态度，为美好的明天发力！"

08

以情动人，巧妙打出感情牌

正所谓"文饰不如情饰"，"情"的力量，可谓不可估量，无所不在，只是人们常常忽略它的重要性。所以，善于利用"情"来表达自己，说服别人，或许会有意想不到的惊喜！

寻找共鸣点，触动对方心弦

在说服他人时，如果能够找到对方感情心理的缺口，进入对方的内心世界，引起对方共鸣，就可以更顺利地说服对方。

亚里士多德曾说过："我们无法通过智力去影响别人，而情感却能做到这一点。"在生活中，只要能够找到与他人情感的共通点，那么我们就能和对方成为很好的朋友；在说服中，如果我们能够和对方在情感上产生共鸣，那么就可以让对方赞同我们的观点。

正所谓"道不同，不相为谋"。人们往往更倾向于与自己有共同感情经历的人交流沟通。因此，在说服他人时，如果能够找到对方感情心理的缺口，进入对方的内心世界，引起对方共鸣，就可以更顺利地说服对方。

王大姐是一个出租车司机，有一天，在她把一个男青年送到指定的地点后，对方没有下车，却突然掏出一把尖刀，逼她把身上的钱都掏出来。王大姐假装害怕的样子，交给了歹徒300元钱，说："今天我就挣了这么一点儿，要是嫌少的话，就把我兜里这点儿零钱也给你吧。"说完，又从兜里掏出20元零钱。

见王大姐这么痛快，歹徒有些发蒙。

王大姐趁机说："你家住在哪儿啊？要不我送你回去吧，都这么晚了还不回去，家里人也该等着急了。"见王大姐是个女人，又不做反抗，歹徒便收起了手里的刀，让王大姐把他送到火车站去。

见气氛不那么紧张了，王大姐启发歹徒说："我家里原来也十分困难，又下了岗，没啥文化也没有技术，后来就跟人家学开车，干起了这一行。虽然挣得不多，但是日子也还不错，更何况我自食其力赚钱，穷一点儿谁还能笑话我吗？"见歹徒沉默不语，王大姐继续说，"唉，男子汉四肢健全，又年纪轻轻，干点儿啥都差不了，要是真走上这条路，那一辈子可就毁了。"

到了火车站，见歹徒要下车，王大姐又对他说道："我的钱就算帮助你的，用它干点儿啥正经事，以后可别再这样了。"话音刚落，一路上一言未发的歹徒突然哭了，把320元钱塞回到王大姐手中，说："大姐，以后我再也不会干这种事了。"说完，便低着头离开了。

几年后，王大姐早已忘了那天晚上的事。有一天，王大姐家里来了一位客人，来人开门见山地对王大姐说想邀请她做自己的专职司机。原来这个人就是当年的青年。当初，他听罢王大姐那番话，从此洗心革面，重新做人，终于靠自己的努力成就了一番事业。

在当时那种紧急的情境下，王大姐发自肺腑的话引起了对方的共鸣，不仅使自己成功脱险，还帮助对方幡然醒悟，重新做人，鼓起了努力奋斗的勇气和信心。由此可见，以情动人在说服对方时，是一个行之有效的方法。

那么，在说服对方的过程中，我们如何才能抓住与对方的情感共通点，做到以情动人呢？

1. 根据不同的对象，选择不同的内容

每一个说服对象不同，对方的感情需求也就存在差异。对于每一次沟通都需要进行精心准备，慎重考虑交谈时的话题内容，充分挖掘对方的感情需求，并在谈话中围绕和迎合对方的感情需要，这样才能让对方产生好感，为说服对方打下基础。

2. 根据环境的变化，寻找双方的共鸣点

在沟通过程中，总会出现难以预料的状况，因此，需要根据当时的实际情况，随机应变。要根据环境的变化采用较为合适的沟通方法与沟通内容，这样才能更好地抓住对方的心理变化，说服对方。

在说服对方的过程中，抓住对方的情感共通点是进行沟通的重要法则。在谈话中用心聆听，抓住对方的感情诉求，精心设计谈话内容，就会让对方将感情需求展现给我们。以对方的感情需要作为突破口展开谈话，就可以成功赢得对方的好感。

我们都知道，人是感情动物，当很多说服方法产生不了良好的效果时，用感情来打动对方未尝不是一个可行的办法。如果能够引起对方的共鸣，相信说服对方就不是什么难事，因为对方的心理已经和你的观点达成一致了。

一诺千金，用诚信打动对方

诚信是最能打动人心的语言，用诚信打动对方，一诺千金，说到做到，比任何华丽的语言都来得实际。

"一诺千金"这个词出自《史记·季布栾布列传》中的"得黄金百，不如得季布一诺"。意思是说，季布是一个非常讲信用的人，他许下的诺言，价值千金，以此来形容人说话算话，讲信用。一诺千金的人，也就是讲诚信的人，这样的人最容易赢得尊重和信任。

诚信是最能打动人心的语言，用诚信打动对方，比任何华丽的语言都来得实际。不讲诚信的人，是很难在社会上立足的。古人对此早有"人无信不立，家无信不旺，国无信不稳，世无信不宁"的说法，所以，在人际交往过程中，在说服他人时，都要把诚信放在首要位置，一诺千金，说到做到，坚决反对失信行为，充分彰显人格魅力。

2005年11月，做相框生意的朱莉在众博木图机械商行订购了一台价格为12万元的四面刨，并付了3.5万元的定金。到了月底，朱莉按照约定的时间去取货，却被告知机器未到。原来，生产四面刨的厂家因为屡屡停电，未能按时完成机器生产。

这时，众博木图机械商行的业主张淳德找到了朱莉。双方经过协商，他答应赔偿违约金2.5万元，并退还3.5万元的定金。张淳德说："万事和为贵，钱还可以再赚回来，信誉不能丢。义乌市场一直在讲的不就是信用义乌、诚信义乌吗。为了信誉，我宁愿出这笔钱。"

2006年新年前夕，朱莉从张淳德手里接过6万元人民币后，不禁感慨万分，她激动地说："你这样的经营户是可信的，下次我还要跟你做生意。"

如果靠一时的欺骗，张淳德也许能够在短时间内积攒一定的财富，但是从长远看，却可能因为眼前利益失信于人，给自己的事业带来极为不利的影响。而遵守承诺，讲究诚信，能使大家更加信服于他，从而得到更多的人的信任，给自己带来更为巨大的财富。可见，不计小钱，赢得一诺千金的良好信誉才是细水长流的生意经。

其实，关于诚信的例子有很多，我们很多时候都要受到诚信的考验。经得住考验的人，最终就会拥有诚信的力量。经不住考验的人，失去了众人的信任，也就失去了可靠的形象。而一旦失去诚信的标签，就意味着失去做人的根本，失去了安身立命的根基。所以，千万不要忽视诚信的力量。

那么，在说服对方的过程中，我们究竟该怎么做，才能成为一个一诺千金的人，进而用诚信打动对方呢？

1. 从身边小事做起，树立诚信形象

诚信无小事，对于国家和集体来说，诚信就是要秉公执法；对于个人来说，诚信就是要言出必行；对于商人来说，诚信就是要童叟无欺，避免

缺斤短两。诚信要求我们从自己做起，从小事做起，恪守诚信美德，用诚信彰显良心和正义，用诚信打动对方的心。

诚信是做人的根本，在人际交往中，拥有良好品行和崇高声望的人更容易获得别人的信任。在日常生活中要养成良好的品行，树立一个诚实守信的个人形象，只有这样，才能够留给对方一个非常好的印象，能够更好地获得对方的信任。

2. 不要轻易承诺，承诺了就要做到

信用是双方交往的基石。为人要讲究信用，承诺别人的一定要做到，所以不要轻易承诺。一旦答应人家，许下承诺，就要忠实地去执行，设法实现承诺，以免失信于人。我们在和对方交往中难免会承诺对方一些事情。言必信，行必果，如果我们在说服对方后失信于对方，就会引起对方的反感，产生信任危机，使后期的说服更难实现。

对于承诺过的事情，不要敷衍了事，既然许诺就应努力完成，即便最后没收到一个好的结果，那也应该主动承担责任，敢做敢当。否则，会影响我们的可信度，不利于取得对方的信任，后续的交涉也无法顺利进行。

在说服对方时，以诚信待人是一种礼貌，更是一种人格魅力。有人曾说："信用是一种现代社会不可或缺的个人无形资产。诚信的约束不仅来自外界，更来自我们的自律心态和自身的道德力量。"所以，想要做一个一诺千金的人，想要用诚信打动对方，用诚信为自己的说服力加分，就要不断提升自身的诚信意识和诚信修养，这将使你受益终身。

共赢互利，把冲突变成合作

在说服对方的过程中，巧妙地运用"共赢"心理策略，不仅可以帮助我们有效地说服对方，也可以让我们收获意外之喜。

在人际交往中，没有人愿意无缘无故地付出，要想得到对方的付出，就要让对方知道我们为他付出过什么或我们能为他付出什么。双方关系的发展需要建立在互惠共赢的基础之上。

在说服对方时，也应该坚持互利互惠的原则，"来而不往非礼也"，只有愿意付出的人，才能够获得对方的帮助。真正懂得交往之道的人，会在自己能力之内尽量给别人提供帮助，付出得越多，得到的必然会超过付出的。

小刘是某公司的中层管理人员，非常擅长交际和谈判。在一次临时任务里，小刘通过与一位非常有名的管理专家的交谈，完美演绎了什么叫作"共赢互利"，化冲突为合作。

这一天，小刘突然接到了公司高层的临时委派，要他去请一位管理专家到公司给中层以上干部上课。

这位专家在国内深受各大企业追捧，经常受邀去一些大企业授课，演讲活动安排得比较多，不一定能挤出时间来公司讲课。而且，这个活动是公司高层临时决定的，之前并没有做什么准备，所以小刘在接到这个任务时，并没有多大的把握。

果然，当小刘登门拜访专家，说明来意后，对方面有难色。

由于时间紧但是又不想将赚钱机会拒之门外，于是专家便试探性地询问小刘："请问，贵公司的讲课时间是否可以重新安排呢？"

小刘一听，机会来了，于是非常诚恳地说："老师，这个日期是由我们公司高管决定的，我也无权进行调整。如果您实在抽不出来时间的话，那很遗憾，我们就只能去请别的专家了。不过，我们公司董事长对您的学识非常敬仰，我来的时候，他特别交代我，不管有什么困难，一定要把您请到。所以，除非有特殊情况，我还是非常希望您能去我们公司讲课。"

专家听了小刘的话，微微一笑，随即打电话给秘书，让她联络日期有所冲突的公司，询问对方能否协助调整上课日期。

几分钟之后，秘书打来电话，说联系不到那家公司的负责人。专家想了想，对小刘说："我现在暂时无法与那家公司的负责人进行联络，假如我现在决定按照约定的日期到贵公司授课，那么你能否代表公司现在就和我签订协议呢？至于与另外一家公司相冲突的问题，我会进行处理，你不用担心，但授课的价格需要在原来的基础上加两成。"

小刘当场就表示赞同，并按照专家的要求与他签订了协议。

从上面这个故事我们不难看出，小刘以"不管有什么困难，一定要把您请到"的说辞，非常含蓄地表明了自己愿意付出的代价，而那位专家明显听懂了小刘话里的潜台词，也回应了小刘的试探。最终，小刘完成了高层领导指派的任务，专家也从同样的一场演讲中获取了更多的收益，这是"共赢"策略的胜利。

在很多时候，我们在说服对方的过程中，巧妙地运用"共赢"心理策略，不仅可以帮助我们有效地说服对方，还可以让我们收获意外之喜。那么，如何和他人建立互利共赢的关系呢？

1. 学会赞美别人

奥格曼狄诺曾说过这样的话："我赞美我的敌人，敌人于是成为朋友；我鼓励我的朋友，朋友于是成为手足。"这句话充分说明了在人际交往中赞美的重要性。要想说服他人，就要学会赞美。在与对方的交谈中，适时、适度地赞美对方是与对方建立良好人际关系的基础，也是实现共赢互利的关键。

2. 学会关心对方

要想和他人建立起共赢互惠的关系，除了利益上的划分，还要有精神上的关心，只有这样才能使双方的关系更加稳固。在交谈中给予对方适宜的关心，既可以拉近双方之间的距离，也可以使对方更加信任和支持我们，从而帮助我们更加轻松地说服对方，实现合作共赢。

3. 协商好双方利益

在说服他人的过程中，既不能一味地退让，也不能无视对方的利益。良好的利益分配是实现共赢互利的基础。在说服过程中，既要维持己方的利益，同时也要保全对方的权益。

4. 学会尊重对方

保留对方的颜面，对自己有百利而无一害。在与对方的交谈中，在言语间保全对方的颜面，会使对方心存感激，帮助我们赢得对方的心，从而帮助我们促成双方之间的合作。

在说服对方时，我们必须懂得共赢互惠的心理策略。美国一位人际关系学家曾说过："你把自己最好的给予别人，就会从别人那里获得最好的。"在说服中，坚持互惠互利，可以帮助我们更好地说服对方，可促使双方将冲突转化为合作。

以己度人，理解对方的苦衷

在说服对方时，多站在对方的立场上，尝试去理解对方，让对方明白，合作会获得更多的益处。用这样的方法去说服对方，自然会获得对方的认可。

"以己度人"从字面上来解释就是用自己的心思来衡量和揣摩别人的心思，多用于贬义，如以小人之心度君子之腹，就是以己度人的表现，这种做法是不值得肯定的。可是，如果以君子之心度君子之腹，同样也可以说成以己度人，这样的做法却可以让我们最大限度地理解对方的立场和看法。

以己度人看似简单，其实想要在生活中运用好它，却有一定的难度。我们要时刻反省自己，有没有替别人想一想，是不是太过于自我、自私，忽略了他人的难处。尤其当对方提出的建议和想法我们无法理解时，不如代入对方立场，以己度人，可能更容易找到说服的突破口。

要想说服别人，首先要理解对方。每一个说服对象都有理由来拒绝你的说教，但如果我们能在谈判陷入僵局时以己度人，就会发现问题的关键点，从而拉近彼此的距离，取得说服对方的预期效果。

在湖北，有一家以经营工业品为主的企业，业务非常繁忙。不为人知的是，这家集团的幕后股东，是国内某大型企业的CEO。随着工业品企业逐渐发展，规模也越来越大，原有的办公地址已经无法满足公司日益扩大的业务发展和管理要求。于是，经过考虑，公司决定租赁新的办公室。但是，按照公司的预算，新办公室的年租金不能超过8万元。公司委派了一位姓魏的行政总监负责此事。

这名魏总监经过一段时间的调查，看中了一家进出口集团公司综合办公大楼的一套办公室。但是，这家公司的后勤管理处对这套办公室的年租金最低要求是11万元。魏总监让自己的下属小王去试探一下对方，接待小王的是这家公司后勤管理处的周处长。

在得知小王的来意后，周处长说："我们这套房子一直以来的租金都是11万元，肯定不会降低价格的。"

小王说："我们公司现下规模并不大，而且这一两年也没什么利润。所以，公司也没法儿租这么贵的房子，你们不能给优惠一点儿吗？"

周处长说："肯定是不能优惠的，自始至终都是11万，这几天也有几家公司来看房子，也没有给过任何优惠。"

小王说："可我们公司的预算只有8万元，你们所出的价格实在是远超预算。"

周处长说："那你还是考虑一下其他的吧。"

显而易见，这次谈判以失败告终了。小王的谈判明显是无法奏效的，他只从自己的角度与对方商谈价格，对方怎么会轻易同意呢？

沮丧的小王把商谈的结果告诉了魏总监，魏总监决定第二天亲自上门。当晚，他在网上查询了这家进出口集团公司的情况。

第二天，魏总监找到了周处长。

魏总监："周处长，您有所不知，我们公司实际上是××集团下的控股公司。××集团您是知道的，在国内可是一家非常有实力的公司。如果我们做了邻居，以后说不定还会有机会进行合作呢。"

周处长："哦？果真是这样？那昨天小王过来怎么和我说你们公司规模小、利润低呢？"

魏总监："由于我们刚进入湖北市场，目前的资金周转确实存在困难。但是，自从我们进入湖北市场，发展速度是非常快的。如果贵公司愿意把房子租给我们的话，我们会长期稳定地租下去，所以希望您能再优惠一点儿。"

周处长考虑了一下，说："优惠也是可以的，但是8万元的租金实在是太低了，我们这边实在没法儿接受。"

魏总监："周处长，我看你们办公大楼内还有酒店，也是属于你们后勤处管理的吧？"

周处长："对，也是我们的，但是会正常对外营业。"

魏总监："是这样的，我们经常有省内外的客户及总公司的人员过来，每年的住宿费和招待费不少于十几万元。如果我们能在这里办公的话，以后很可能会就近安排客户和公司过来出差的人员住在你们酒店，这对你们酒店的生意可是大有好处哇！"

周处长："这个我们倒是可以考虑一下，请容我们再商量一下，我会尽快给你答复。"

没过几天，魏总监就接到电话，双方最终以8万元的年租金成交。

小王和周处长的谈判之所以失败，就是因为小王没有把话说到对方的心里，对方虽然理解小王公司的苦衷，但这一切与本公司关系不大，除了表示同情并不会做出让步。小王无法打动周处长，是因为他对对方一无所知，只看到自己的难处，即使实话实说，和盘托出，也无法打动对方，达成交易。

而魏总监显然做了充分的准备，在谈判之前，首先查询了这家进出口集团公司的情况，再结合本公司的情况，找到了可以交叉让利的地方。

他理解对方在价格上的坚持，却并不认为这是不能改变的。在提出极有诚意并极有吸引力的解决办法后，难题果然迎刃而解。

魏总监以己度人，替周处长的公司考虑周全，帮他们带来酒店客户，增加额外的收入，以缓解他们的经济压力，这样的做法利人利己，也使得8万元租金有了成交的可能。

而周处长能被魏总监打动，一方面是因为魏总监设身处地为他们集团考虑，体会到了他们公司的难处；另一方面也是被魏总监提出的方案所吸引，最终放弃了不降租金的想法。

在说服对方时，多站在对方的立场上，尝试去理解对方，让对方明白，合作会获得更多的益处。用这样的方法去说服对方，自然会获得对方的认可。要做到能够以己度人、理解对方的苦衷、以情动人的效果，需要注意以下几个问题：

1. 揣摩对方的需求点

要想理解对方，首先要了解对方。深入了解对方的心理诉求与现实需求，抓住对方的需求点，站在对方的立场上去思考问题，这样才能理解对方的苦衷，在说服中直击对方的需求，帮助对方解决困难、消除疑虑，从而有效地说服对方。

在说服中，从对方的角度出发，考虑对方所面临的问题与环境，深刻理解对方需求，在交谈中，言语间表现出对对方的深刻理解与支持，可以帮助我们赢得对方的好感，使对方从心底里认可我们，这样才能更好地说服对方。

2. 学会多角度思考问题

一件事情，从不同的角度看，会产生不同的效果。马克思教会我们要辩证地看待问题，就是要我们按照不同的情景和角度看待问题，以便得到更客观公正的答案。马东在主持《奇葩说》时曾说过，《奇葩说》最大的意义，便是让观众看到：任何一件事从不同的角度切入，都会有不同的观点和认知，甚至是截然相反的论断。很多时候，我们觉得自己做出了公正判断，其实，这些判断往往都带有主观色彩。我们只能尽量做到客观公正而已。

这也需要我们经常检查自己的认知和思考对方的认知，让两者的认知在同一水平线上，这样才能达成共识，拥有说服对方的可能。

生活不易，在成长的过程中每个人都会遇到这样那样的难处，以己度人，就会对别人多一些宽容。自己做不到的事情，就不要勉强他人去做。多体谅对方的难处，对方也自然因为得到理解变得对你信任有加，更容易受到你的影响。

幽默是创造良好氛围的最佳方法，它能让人在开怀大笑之中冰释前嫌、释放压力、解开心结，可以说，幽默在说服中是最好打的感情牌，最容易俘获对方的心。

世界著名喜剧大师查理·卓别林是这样评价幽默和具有幽默的人的："幽默是智慧的最高体现，具有幽默感的人最富有个人魅力，他不仅能与别人愉快相处，更重要的是拥有一个快乐的人生。"可见，幽默对于人们来说多么重要。

生活中处处都存在幽默的身影，它就好像鲜花一样盛开在人们的心田，不仅让自己感受到快乐，也给他人带来美丽和芬芳。幽默是一种解开人们心结的智慧和情趣，是缓解矛盾的润滑剂，它能有效地调节人际关系。轻松地幽默一下，便能让人们在笑声中消除人与人之间的隔阂，化解人与人之间的矛盾，使人际关系更加和谐。

幽默的人给人以智慧、大度、机敏、洒脱的感觉。和具有幽默感的人相处交流，让人感觉放松、乐观，如沐春风般温暖。幽默的人最大的特点就是能带给人欢笑，而笑是去除烦恼、振奋精神、缓解压力的重要方式。在一个人心绪不宁、状态不佳、烦恼苦闷的时候，如果我们通过幽默的方式让对方高兴起来，开怀大笑，那么一切烦恼就会烟消云散，心结也会打开了。

所谓幽默，就是通过自嘲、调侃等机智风趣的话语的方式，让对方产生欢乐的感觉。使用幽默的方式说服对方，让对方在欢笑中顿悟、心领神会，从而达到让对方既理解自己又信任自己的目的，最后心悦诚服地听从我们的建议和想法。特别是双方存在分歧，对方有所顾虑，有解不开的心结和烦恼的时候，我们不妨借助幽默来打破僵局，设法创造出一种轻松愉快的气氛，然后再将对方引导到你的观点上来。下面我们来看一个故事：

一个日本年轻人辛辛苦苦编写了一本《儿童英语百科辞典》，但他没有足够的资金去出版这本书，而且很多人也不看好这本书，原因是这里位置偏僻、经济落后，当地学习英语的人一直很少。

但年轻人却不这样认为。他想，越是落后的地方，越是需要提高教育水平，这种书的需求量就越大，于是他求助于当地的一位富商。

年轻人来到富商家里，诚恳地说明了自己的来意。

哪知富商面无表情地说道："你走错地方了，我投资是要看收益的，你这项目不行。"

年轻人并未放弃，连忙解释道："先生，如今日本越来越国际化了，使用英语的地方越来越多。您也有孩子吧？您肯定不希望他们一辈子待在家里，不出去见见世面吧？"

听到这儿，富商刚才冷冰冰的神情已经消失了，他若有所思地问："这英语好学吗？"年轻人并没有直接回答，而是反问道："我见您家里在养狗，您和家人是否怕狗？"

富商毫不犹豫地回答："那当然不怕。"

"对呀，因为我们习惯了养狗，所以不怕狗。学英语也一样，如果从小养成一种习惯的话，就不觉得难了。学英语应该从小抓起，不知不觉中就会对英语产生兴趣，这正是我编写这本书的初衷。"年轻人觉得有希望了，有些兴奋地回答。

富商并没有下定决心，说道："我再考虑一下吧。"

年轻人依然没有放弃，说道："如果我们的孩子哪天到了欧洲一些国家，因为不会说英语而迷路了，您总不会到那时才想给他们邮寄一本英语词典吧？"

一番幽默的话过后，富商终于爽快地答应了年轻人的投资请求。

在上面的故事中，年轻人首先谈到孩子的教育，这种家常的话题让富商不再冷漠，然后巧妙地打了一个幽默的比喻，把学习英语和养狗联系在一起，使得现场气氛立即活跃起来，使那位原本怀有戒心的富商放松了下来，接下来的会谈也自然变得和谐顺畅起来。最后，年轻人那一句幽默的反问，让富商开怀一笑，最终心甘情愿地给年轻人投资出书。

生活中总有一些人说服能力很强，他们可以毫不费力、一次又一次地赢得我们的信任和支持。这是天生具备的才能吗？不，这是我们也可以学会的沟通技巧。当一个人需要把别人的态度从否定改变到肯定时，幽默是十分具有说服力的语言。那么，我们如何培养自己的幽默能力，以便用幽默让对方开怀大笑、解开心结呢？

1. 懂得人类为什么会笑

我们在看喜剧幽默类电视节目，或听幽默段子的时候，总是会不小心被戳中笑点，然后哈哈大笑起来。我们都会笑，但是很多人却不明白我们为什么会笑。其实，这主要是因为你的意外感、优越感在起作用。

意外感就是你的话让别人感到很出乎意料。例如，正话反说：今天天气真好，又刮风又下雨的；优越感指的是你在跟别人对话时，你抛出一个"梗"，这个"梗"会让人感受到优越感，进而发笑。例如，当看到一个人踩到西瓜皮而摔得四脚朝天时，看到他尴尬的样子，你就会大笑起来。这种发笑其实是优越感在作祟。

2. 保持积极乐观的心态

人生不如意事十之八九，如果总是看到生活的阴暗面，人就会变得消极懈怠起来。我们要知道，任何事物都是有多面性的。我们要学会看到事物积极阳光的一面，保持积极乐观的心态，就算遇到不如意、不顺心的时候，也会通过幽默的方式消除烦恼，解开心结。具有幽默感的人，往往都是具有积极乐观人生态度的人，因此，才会有很多人喜欢他们、信服他们。

3. 培养幽默感

幽默感是可以培养的。平时多看一些搞笑的电视剧、电影以及相声小品综艺节目等，学习他们幽默的表达方式，学会如何抖包袱，如何拿自己开涮，制造意外感等。时间长了，我们的幽默感也会得到提升。

说服，常常贯穿于人际交往的始终，不是我们说服别人，就是别人说服我们。通常情况下，人在轻松愉悦的环境里最容易接受新的事物或信息，也最容易认同和接纳别人的不同观点。而幽默是创造良好氛围的最佳方法，它能让人在开怀大笑之中冰释前嫌、释放压力、解开心结，可以说，幽默在说服中是最好打的感情牌，最容易俘获对方的心。正如亚里士多德所说："幽默有时比智慧的辩论更有说服力。"

说服本质上是为了达到自己的目的而寻求认同，无论使用什么说服方法，都不能因此失了底线，用牺牲自己的办法来成全别人，这样的说服不算成功的说服。

底线，对于事物来说，就是引发质变的临界线；对于人来说，就是做人做事的警戒线；对于谈判来说，就是必须要坚守住的利益防线。底线是不能触碰，更不能跨越的。在我们日常与人交往的过程中，需要有底线意识、底线思维，以免因为经受不住诱惑和压力，而失去底线，失去利益，失去做人的原则。

对于管理者来说，清正廉洁、刚直不阿就是底线；对于师者来说，勤于教学、孜孜不倦就是底线；对于商人来说，君子爱财取之有道就是底线。人有人的底线，物有物的底线，事有事的底线，有了底线才有了规矩，才有让人信服的力量。

想要说服别人，就要想办法让别人接受你的观点，你可以和对方谈感情，以情动人，可以理解对方的苦衷，可以用幽默化解对方的心结，可以想方设法帮助对方，替对方着想，但是不能因此失了底线，任由自己的情感泛滥，用牺牲自己的办法来成全别人，这样的说服不算成功的说服。

成功的说服，应该是在不伤害自己的前提下，达到互惠共赢的目的。因为说服本质上是为了达到自己的目的而寻求认同，特别是谈判性质的说服，会涉及相互的利益关系，这就要求我们把握好说服的方向，明确谈判的底线在哪儿。在不触及底线的情况下达成协议才是成功的说服。

由于原材料价格上涨，一家机械工厂的供货商把原定的原料吨价由1 645元提升到了1 690元。而对于这家机械厂来说，最多只能接受1 665元。该机械厂的两位供销科长与供货商进行了3个多小时的谈判，可依旧没有任何结果。对方一口咬定每吨价格为1 690元，不能再低。两位供销科长实在没有办法，只好向厂长汇报情况。

厂长知道之后，只好亲自出马，与供货商进行谈判。

厂长与供货商见面后，始终坚守着吨价1 665元的底线，与之进行商谈。

"你们作为供货商，供料的价格上涨我也可以理解。但是如果我以你们所提出的价格购进原料，那我的厂子也只能关门了。"厂长直接开门见山地表明了自己的态度。

"可是，现在原材料的价格涨得太快，我们也没有办法呀。"对方苦着脸说道。

"这我们能理解，但是如果你们非要坚持1 690元的价格，那我们之间的生意也就没有办法再做下去了。"

对方没有说话。厂长接着说道："咱们是老客户了，一吨涨10元，吨价1 655元怎么样？"

"那不行，厂里内定价格是1 690元，我咬咬牙，给你降到1 670元，不能再低了。"对方终于松口，做出了让步。

"1 660元吧，再多一分我们就不要了。"厂长继续讨价还价说，"你们最低可以给我让步到1 670元，而我坚持1 660元，难道就因为中间差的这10元钱，放弃了整单生意？值得吗？这样吧，你们也不要坚持1 670元了，我也不坚持1 660元了。我们二一添作五，各让一步，中间拉平取一个1 665元。您看怎么样？"厂长虽然做出了让步，但依旧没有突破自己的底线。

这时，听了厂长的话，供货商陷入了沉默。

厂长接着说："好了，我知道这个价格勉强你们了，但是你也不用这么为难。你回去请示一下你的老板，研究一下再定。今天我们就谈到这里，生意归生意，朋友归朋友，走，我们吃饭去……"

第二天，对方向领导请示后，双方以吨价1 665元签订了原料的供货合同，与原定相比，每吨下降了25元。按照该厂每年用量6000吨来计算，这次谈判为厂里节约了15万元的成本费用。

谈判其实就是一个讨价还价的过程。现实生活中的谈判，很少有寸利不让而达成目标的时候。这时，我们就需要站在全局的高度考虑问题，明确自己的底线，亮出自己的底线，争取让我们的利益在底线之上，也就是争取不让利益流失。厂长面对供货商提高供货产品的价格的行为，确定了吨价1 665元为进货的最高价格，也就是价格的底线。

面对供货商的不肯让步，厂长晓之以理，动之以情，经过激烈的讨价还价，终于守住了底线，将损失降到了最低限度。厂长之所以能取得这次谈判的胜利，正是因为他明确自己的底线，自始至终都没有突破自己的底线。那么，我们在谈判时，如何做到用情不滥情，守住谈判底线呢？

1. 明确自身的底线

在与说服对象进行交谈时，首先要明确自己的底线，划定一个自己能接受的最低标准，一旦触及，就要坚决捍卫。如果缺乏严格的底线，就很容易在谈判中盲目退让，最终也无法在说服过程中占据上风，获得成功。因此，坚守自己的底线毫不动摇，在说服对方的时候才会有明确的目标，才会让我们的说服更有动力，才会提升说服结果的满意度。

就算对方触及自己的底线，也不要慌张，要保持冷静和清醒的头脑，可以适当回避一下，为自己争取思考的空间，通过多种方法为自己争取回旋的余地。

2. 了解对方的底线

在谈判过程中，不仅要明确自己的底线，也要了解对方的底线，这样才能判断双方协议的空间有多大。一方面，不要轻易触及对方的底线，因为这样容易导致谈判的失败；另一方面，我们可以在对方底线的基础上适当增加筹码，为自己争取最大利益。

总之，在说服对方时，为自己设立一个底线，用情不滥情，坚守底线不放松，这样才能使双方之间的交流更有目的性、方向性，也更有效果。因此，无论在说服中遇到何种复杂难解的局面，都要坚守住自己的底线。

09

巧用暗示，让说服充满艺术感

说服是一场心理战，谁能够掌握更多的取胜法门，谁便能拥有更大的取胜可能。在说服的过程中，适时暗示，让对方领悟"话外音"，是很有必要的。这会让别人觉得你很有"情商"，跟你沟通很容易，也愿意和你沟通，从而轻松说服。

旁敲侧击，
侧面说理更有效

旁敲侧击贵在含蓄，意在言外，是一种说服他人的非常行之有效的方法。

人类发展到今天，各行各业不乏优秀者，在各个领域取得了辉煌的成绩。如果认真研读他们成功的一生，不难看出这些人不仅拥有敢于创新的魄力，同时也都是左右逢源的社交高手，拥有说服、影响他人的超强能力。他们能在事业起步时、事业低谷时以及急需他人帮助时，说服他人为自己效力，让别人在不自觉中对自己产生信赖的感觉，跟着自己一路披荆斩棘，从而成就自己的卓越人生。

在说服的过程中，其中常被他们使用的一项说服技能，便是旁敲侧击法。

旁敲侧击，顾名思义，是从侧面说理，而不是常见的开门见山，是通过隐晦、含蓄并带有强烈目的性的语言和行为，暗示和诱导对方，从而达到说服的目的。

在处理一些事情时，如果我们想在不伤害对方自尊和身份的前提下向对方提出批评或提醒，就可以采用旁敲侧击的方法。旁敲侧击能够有效地避免直面问题时的矛盾和尴尬，不仅同样能把问题显现出来，引起对方的注意和自省，还能在不引起对方反感的前提下，把话说到点子上，将主张的意图暗暗传递给对方，在潜移默化中影响到对方，诱导对方做出改变，最终实现说服的目的。

旁敲侧击贵在含蓄，意在言外，是一种说服他人的非常行之有效的方法。

在中国古代，谁拥有强盛的兵力，谁就可以当皇帝。一些实力雄厚的禁军，往往决定着政权的得失。宋太祖赵匡胤便是利用禁军发动"陈桥兵变"，夺取了后周政权，成为宋朝的开国皇帝。

宋太祖建立宋朝后，自然明白"兴亡以兵"的道理，为了防止分裂割据的局面再次出现，威胁自己的皇位，宋太祖决定收回地方兵权，由中央集中统一管理。

有一天，宋太祖像往常一样，召来石守信、王审琦等功臣宿将一起饮酒。酒过三巡，宋太祖支走侍从，满怀深情地对这些高级将领说道："如果没有在座各位的竭力拥戴，我赵匡胤绝不会有今天。对于你们的功德，我这辈子也忘不了。"说到这儿，宋太祖突然口风一转，无限感慨地说道，"做天子实在不简单，我到现在都很难安安稳稳地睡个觉哇！"众将领并不知道宋太祖的真实意图，就问道："陛下是遇到什么难事了吗，所以睡不好觉？"

宋太祖平静地回答道："也没什么，就是想着，天子这个宝座，哪个人不想坐一坐呢？"石守信等人这时才听出了门道，紧张惶恐得冒出了一身冷汗，他们赶紧叩头说："陛下怎么说出这样的话呢？如今，天命已定，谁还敢再有异心！"

宋太祖接过话，说道："不能这样看，诸位虽然没有异心，可是难保你们部下有一些贪图富贵的人，一旦把黄袍加盖在你们身上，你们虽然不想做皇帝，但能办得到吗？"众将领这才转过弯来，终于明白了宋太祖的真实意图，赶紧跪下来痛哭着说："我们愚笨，没想到这事，请陛下怜惜，给我们指条生路吧！"

宋太祖见状，知道这正是说出自己深思熟虑的想法的好时机，于是沉稳地说："人生苦短，转瞬即逝，梦想着富贵的人，不过是想多积累些财富，供自己和子孙享受好日子。诸位何不放下兵权，寻个地方官职，选好田地和房屋，为子孙后代留下一份基业呢？而且还可以多置弄些歌舞之人，游戏人生，安度晚年。到那时，我再同诸位结成亲家，君臣互不猜疑，相安无事，这样不是很好吗？"

石守信等人听宋太祖这样一说，对宋太祖的意图已经彻底明白，惶恐之心没有了，感激之心油然而生，于是叩头拜谢道："陛下为我们考虑周全，我们还有什么好忧虑的呢！"第二天，石守信等将领纷纷上书称病，请求解除其兵权，告老还乡。宋太祖非常高兴，立即同意了他们的请求，解除了他们统军的权力，赏赐他们大量的金银珠宝，以慰人心。

这就是历史上著名的"杯酒释兵权"。宋太祖面对众统军将领对自己皇位的威胁，并没有像历史上其他君主那样大肆屠杀，而是采用旁敲侧击这种比较和平的方式，巧妙地让他们主动放弃了手中的兵权，既避免了刀兵相向，又没伤到和气，足见其高明之处。

我们知道，大凡开国皇帝，对拥兵自重都非常忌惮，宋太祖通过军事政变获得的皇位，自然对此深有体会，所以，才想尽办法解除手握重兵的将领们的兵权。但是，宋太祖不想通过杀人的方式来达到中央集权的目的，于是便采用了这种旁敲侧击的方法，暗示诸位将领自己之所以睡不着觉是因为担心皇位不保，希望他们能够解甲归田。将领们在宋太祖话语的诱导下，明白了其中的缘由，也对宋太祖的做法深表理解，宋太祖因而轻而易举便解决了一个大难题。可见，旁敲侧击、侧面说理是制胜而又安全的说服法宝之一。

不过，旁敲侧击看似简单，但想要驾驭好它并不容易。旁敲侧击的方法很多，下面具体介绍两种。

1. 侧面点拨，换位获取同理心

侧面点拨就是从侧面委婉地点拨对方，使对方明白自己的不满或意见，从而停止不当行为。这一技巧通常借助问句的形式表现出来。

例如，A和B是好朋友。有一天，本单位C跟A说B的不是，A听了很不乐意，但又不便直接发作，便通过侧面点拨的方法，说道："C，我想问你，如果我在背后和你议论我的好朋友，他要是知道了会不会跟我反目成仇？"C一听这话，顿时意识到自己的错误，便不吭声了。就这样，A委婉而又体面地让C认识到背后议论别人，尤其是议论对方好朋友是一种失礼的行为。

2. 幽默一下，侧面提醒更有效

幽默是人际关系的一种润滑剂，用这种方法侧面表示自己的拒绝，或表露自己的隐衷，会起到很好的效果。

有一位打字员姑娘，收到一封男同事的求爱信，她想直接拒绝，可又怕伤了对方的自尊心，于是想到了一个两全其美的好办法。她将信重新打了一遍，然后和原来的信一同寄给那个男同事，并附了一张纸条：我全都替你打完了。从此，小伙子就再也没寄过信。

相较于直接回绝，这种旁敲侧击式的回绝方法显得更有效，更高明。

俗话说"攻心为上，攻城为下。"在这个世界上，没有什么比人心更令人捉摸不透的了。不过，正是因为难以捉摸，才让拥有这种智慧的人更胜一筹。在说服之中，直言不讳的说话方式固然简单易行，但很容易触犯禁忌，造成对方的对抗和反感。而旁敲侧击这种侧面说服的方法，不仅能产生潜移默化的影响力，让说理更有效，而且还维护了对方的自尊心，避免了尴尬。

想要轻松地说服对方，就要理解对方
的需要，照顾对方的自尊心，用尽量委婉
的方式，把话说到对方的心坎里去。

所谓委婉表达，指的是在说话的时候不直接说出原意，而是用委婉的
话语加以烘托或暗示。委婉表达，相较于直抒胸臆的表达方式，给人留下
了足够的回旋余地，更好地保护了对方的自尊心。懂得用委婉的方式提建
议，具有更强的吸引力、感染力和说服力。

委婉表达的显著特点是"言在此而意在彼"，也就是意在言外，常用
的修辞手法有反语、比喻、双关、象征等。心理学认为，委婉含蓄的表达
方式，无论是在提出自己的想法时，还是在想要劝说对方，给对方提建议
时，都能较好地维护对方的自尊心，使对方更容易认同你的观点，也更容
易接受你的说服。

尼克松访华时，曾有一位美国高官问周总理："为什么你们中国人习惯低头走路，我们美国人都是昂头走路？"周总理自然明白对方这样问的用意，于是说道："那是因为我们在走上坡的路，而你们在走下坡的路！"

周总理通过暗喻的方式，委婉含蓄地表达了中国蒸蒸日上、美国世风日下的思想。

委婉是一种高超的表达艺术，其目的就是在不伤害对方自尊的前提下，通过一种温和舒适的方式来影响对方，让对方赞同我们的观点。这样的话因为比较温和含蓄，所以不会让对方因为有损自尊心而产生反感或不高兴的情绪。可见，委婉表达是尊重他人的表现。我们想要轻松地说服对方，就要理解对方的需要，照顾对方的自尊心，用尽量委婉的方式，把话说到对方的心坎里去。

有一位智者独自住在山上，谁也不知道他有多大年纪，但是山下村子里的人都非常尊敬他，不管家里遇到什么难事，都会到山上去请教他。但是每次人们都是失望而回，因为不管他们提出什么问题，智者都会用同样一句话来回答："我能提些什么忠告呢？"

有一天，一个年轻人上山来求他，诉说自己在工作中的遭遇，说在工作中总是和上司搞不好关系，常因为见解不同而和上司争执，因此他的工作总是不顺利。年轻人希望智者能够解答自己的疑问，帮助他找到和上司相处的"良药"。智者依旧婉言相拒，但年轻人一直坚持，不得到智者的解答便不离开。智者见年轻人如此执着，无奈之下拿出了两块窄窄的木板，一把钉子，一把螺丝，还有一个铁锤和一只改锥。

智者先用铁锤往木板上钉钉子，但那块木板非常坚硬，他费了好大的劲，钉子都没有被钉进去，倒是钉子因为承受不住铁锤的压力而弯曲了。智者又换了一枚铁钉，结果还是一样的，没过多久，就有好几枚铁钉被砸弯了。最后，他找来了一把钳子夹住铁钉，用锤子使劲砸，这样钉子才歪歪扭扭地钻进了木板，但木板却因为用力过猛而裂成了两半，所有的力气都白费了。

智者又拿来另一块木板，拿起螺丝。先用铁锤把螺丝往木板上轻轻一砸，然后用改锥拧了起来，没过多久，螺丝就钻进了木板中，和木板成为一个整体。智者指着结果截然相反的两块木板说："人们津津乐道于忠言逆耳、良药苦口，其实只知道这么做的大多是笨人。就像木板和铁钉一样，硬碰硬有什么好处呢，最后还不是两败俱伤？人和人要是也硬碰硬，最后也会伤了和气。"

智者看了年轻人一眼，接着说："我活到这个年纪，只有这一条经验，那就是绝对不要向对方直接提什么忠告。需要向别人说明什么时，我就会像这个螺丝钉一样蜿蜒曲折地表达出自己的意见，而不是如铁钉那样直接去顶撞。"

智者通过木板和钉子，让年轻人明白硬碰硬只能伤人伤己，如果通过一种委婉的方式表达，就比较容易让人接受，彼此都不会受到伤害。这个故事告诉我们，在给人提建议或忠告的时候，要懂得委婉表达，这样才不会让对方听了不高兴，感到自尊心受到了伤害，乃至拒绝接受意见和建议。

委婉不仅是一种修辞手段，更是一种善意的心境。委婉的表达，需要设身处地站在对方的立场想问题，关注的是听话人的感受和想要表达的效果。这不仅是尊重他人的表现，也是自我尊重的表现。懂得委婉表达的人都是懂得尊重他人的人。那么，我们在使用委婉的方式表达观点的时候，要注意些什么呢？

1. 委婉表达，避免晦涩难懂

在向对方提出自己的意见的时候，最好使用简单明了的语言。如果一味追新求异，就可能适得其反，让对方听不明白你要表达的意思，甚至曲解含义，造成对你的误解。所以，使用委婉的语言要尽量避免晦涩难懂的情况，在正确把握谈话情境的情况下，随机应变，把语言运用得得心应手。

2. 多积累委婉表达的方法

委婉表达的方法很多，有意在言外法、婉转迂回法等，可以通过反语、比喻、双关、象征以及衬托、引用等修辞手法表现出来。当某些话不好说出口的时候，可以通过委婉表达的方式曲折迂回地表达自己的意见，从侧面、局部将要表达的意思暗示出来，让人透过字面去理解其中的深意。

3. 多说赞美的好话，避免忌讳

每个人都喜欢听好听的话，将劝说的话、建议的话说得好听是一种本事，能取得更好的说服效果。无论自己的心情高兴与否，在说话的时候，都要避免触犯忌讳，不说粗俗、冒犯等失礼的话，以免让对方不悦。

很多时候，含蓄委婉的表达胜过口若悬河的说教。特别是对一些固执己见的人，他们往往有强烈的自尊心，有一种强烈坚持自己意见的习惯，如果直言劝说，会让对方产生强烈的对抗心理。如果我们运用委婉的表达方式劝说对方，就很容易消除对方的抵触心理，取得很好的说服效果。所以，适时委婉的表达是取得说服成功的重要方法。

话不挑明，巧妙利用话外音的表达方式，不仅能将意思含蓄地表达出来，也不会伤及对方的面子和自尊，还会实现更好的说服效果。

清代的梁廷楠在《藤花亭曲话》卷二中讲道："情在意中，意在言外，含蓄不尽，斯为妙谛。"意思是说，情感在意趣之中，而意趣在言辞之外，意趣没有完全显露出来，意犹未尽，耐人寻味，这才是创作精妙的真谛。创作的奥妙在于含蓄，说话的奥妙有时也同样在于含蓄。

作为世界上最复杂的动物，人在表达情感和意图的时候并不都是直陈其意的，有时会碍于面子和场合，或迫于形势和压力，不愿把话挑明了说，而是会利用弦外之音表达思想和意图，以此来暗示对方，同时也给对方留下足够的思考空间。

在我们的工作和生活中，心理暗示是普遍存在的。当人处于难以决断的状态时，就会不自觉地根据他人或自身的经验，进行自我判断。暗示影响着我们的行为，甚至会左右我们的生活轨迹和方向。

在说服别人的过程中，我们可以巧妙地利用话外音来进行暗示。这样做既能避免冲突，也能达到向对方传递某种提示、促使他们在言语或行为上做出一些改变的目的。

在20世纪美国经济大萧条时期，到处都是失业的人。有一个18岁的女孩在一家高档珠宝店找到了一份营业员的工作。虽然薪水不是很高，但也能够维持生计。女孩非常珍惜这个来之不易的工作机会。

有一天，一个年轻人走进店里，他衣衫褴褛，脸上也满是倦意，两只眼睛一直紧盯着柜台玻璃下的那些珠宝饰品，就在女孩想要询问年轻人有什么需要时，电话响了起来，女孩走过去接电话，不小心碰翻了一个碟子，里面装着的6枚宝石戒指散落在地。她慌忙弯下腰捡戒指，但却只找到了5枚，第6枚戒指不知哪里去了。

就在女孩起身时，她看到那个衣着寒酸的青年正慌乱地往门口走，女孩一下子意识到问题出在哪里，但她并没有慌乱，而是在青年快走到门口时叫住了他。女孩说："对不起，先生，请您留步。"年轻人转过身，问道："有什么事吗？"女孩看着年轻人眼里的紧张与慌乱，没有立刻说话。

青年显得比较烦躁，又问了一句："什么事？快说，我还有事情急着处理呢！"这时，女孩神色黯然地说："先生，您知道吗，这是我的第一份工作，我因为得到了这份工作才有地方住，才能吃饱饭。现在找一份能够糊口的工作实在太难了，您说是吧？"听到女孩的这番话，青年脸上的紧张逐渐褪去，浮现出一丝笑容，回答说："是啊，现在确实如此，找一份工作真的很难。"

女孩儿接着说："如果把我换成了您，您在这儿也会干得很不错的。"那个青年听到这样的话，缓缓地走回来，把那只一直紧攥着的手伸了出来，对女孩说："我可以祝福你吗？"女孩立刻把手伸过去，和青年的手紧紧握在了一起，用柔和的声音对他说："也祝您好运，先生！"

那位青年转身走出了大门，女孩也手握着第6枚戒指走回了柜台，把它放回原位。

利用话外之音是一种高明巧妙的说话策略，能够做到话中有话、话外有话，会让对方觉得你是个有智慧、情商高的人，从而更愿意和你沟通。话不挑明，巧妙利用话外音的表达方式，不仅能将意思含蓄地表达出来，也不会伤及对方的面子和自尊，还会实现更好的说服效果。因此，在谈判场合以及指正对方错误的时候很常见，也很实用。

就像案例中的女孩，她的聪明应对，巧妙地解决了这桩偷窃案。如果女孩在发现戒指少了一枚后不假思索地大声呼喊，那她可能不仅追不回戒指，还会面临人身危险，即使追回了戒指，在调查事件的整个经过时，也会给人留下不够仔细、谨慎的印象，也许就会面临被辞退的危机。这些都是另一种做法的风险，案例中的女孩显然非常明白，当场揭穿对方只会带来更大的风险，于是她机智地采用了话不挑明、巧妙利用话外音的方式，表示自己得到这份工作多么不容易，希望唤起对方的同感，同时也暗自表明了对对方的期待——如果走上正途，找一个正经工作，也会同样干得很好，言下之意，不值得为一枚小小的戒指犯下偷窃的罪行。

女孩充满智慧又饱含情感的语言，不仅保住了小偷的颜面，没有激怒对方，而且暗示了自己的立场，明知对方是小偷，依然期待他能主动归还戒指。小偷听懂了女孩的"话外音"，被女孩的智慧和良苦用心打动，最终归还了戒指，也免受了牢狱之灾。由此可见，话不挑明，巧妙利用话外音暗示对方的力量不容小觑。那么我们在说服对方时，要如何巧妙使用这种暗示的力量呢？

1. 学会换位思考，针对弹拨

所谓换位思考就是要求我们换角度想问题，换一个角度说话。当我们进行换位思考，理解别人、了解对方的处境时，我们就会明白对方的想法和意图。我们就可以站在对方的角度考虑问题，在不挑明的情况下，说出自己有所指的话，或是侧面提示，或是进行暗示，弹拨对方的心弦，让对方理解我们的意图。

2. 学会正话反说，旁敲侧击

当我们对某人某事不满，有心劝导对方时，或想让其意识到自己的错误时，我们可以采用迂回的方式表达自己的意图，避免因为直言不讳引发对方的抵触情绪。通过讲述另一个人或另一个事物，来让我们真正要指正的那个人领会我们的意见，进而改正过来。这样的方法，无须把话挑明，就能达到说服对方的目的，可谓举重若轻。

语言是通往心灵的大门，一个人是智慧还是愚蠢，只要听听他的言谈就能判断出来。在说服这场心理博弈战中，一个能说"话外音"的人无疑会获得更多成功的机会。中国人素来有含蓄表达的传统，在古代，特别是辅佐在皇帝身边的大臣，特别擅长含蓄表达，一来不伤害对方面子，二来也是出于自保的需要。所以，想要把话说得高明，不妨学学点到为止的话外音艺术。

借题发挥，
醉翁之意不在酒

想要用好借题发挥的暗示技巧，关键是要选好题、借好势，整个过程自然流畅、不着痕迹，才能达到说服的艺术效果。

借题发挥就是借某件事情为名来做文章、发表观点，以此引出新的话题来表达自己真正的意见和主张。在社交领域，借题发挥是一种常见的说服和劝说他人的技巧，也可用来批驳对方。在交际场合，之所以要借题发挥，就是要在无形当中置对方于己方的逻辑之中，使其受到潜移默化的影响，从而达到影响对方的目的。

借题发挥这种语言暗示方法，既可以避免伤害对方的自尊和面子，又能保护自己不受到过于强烈的对抗和攻击。我们在与对方沟通交际的过程中，难免会遇到一些尴尬、难堪的局面，面对无理取闹或者恶意攻击的行为，我们又不便当场发作，这时就可以利用借题发挥的方式给予对方回击，来化解矛盾和尴尬。

借题发挥，运用得当可以带来强大的影响力和说服力，这需要我们具有超高的交谈技巧，要求说话时不显露直白，点到为止，但是又能让对方明白自己的意图，不失礼仪风范。可以采用小题大做的方式，也可以反过来大题小做，借力打力，声东击西，于无形中让对方措手不及，自乱阵脚，乃至对我们心服口服。

有一次，一家英国电视台前来采访中国当代作家梁晓声。在拍摄进行到一半的时候，一位英国记者突然让拍摄人员停止了拍摄，然后对梁晓声说道："接下来的一个问题，希望您能毫不犹豫地用'是'或'否'来回答，好吗？"

梁晓声虽然觉得有些突兀，但并不知道这是对方设置的一个圈套，出于礼貌，他很爽快地答应了。

谁知道那位英国记者手一扬，遮镜板"啪"地响了一声，然后记者迅速将话筒放到了自己嘴边，对着镜头说道："没有'文化大革命'，就不会产生你们这一代青年作家，那么，在您看来'文化大革命'究竟是好还是坏呢？"说完，将话筒立即对准梁晓声嘴边，示意他回答。

这时，摄像机也准确无误地对准了梁晓声的脸。此时，梁晓声无论回答"是"还是"否"，都会陷入对方设置的僵局之中。可是如果不回答，就违背了当时回答的承诺。看来，对方是有意为难梁晓声，想看他出洋相了。

在这进退两难的时候，梁晓声却并没有被难住，他不动声色地说道："在我回答您的问题之前，我也想请教您一个问题：如果没有第二次世界大战，也就没有反映第二次世界大战的著名作家们，那么，您认为第二次世界大战是好还是坏呢？"说完，梁晓声一脸严肃地把话筒转到了英国记者那里……

梁晓声面对英国记者的刁钻提问，急中生智，运用借题发挥的技巧，以英国记者抛给自己的问题作为支点，生出一个新的话题，这两个话题很类似，都很难回答，但梁晓声却借机巧妙地化被动为主动，把对方给自己造成的尴尬局面，通过巧妙的借力打力，使其不攻自破，变成了对方的尴尬和被动。这便是借题发挥的优势，通过反弹的方式巧妙地转移矛盾，使对方自食其果，搬起石头砸自己的脚。

借题发挥除了能作为一种有效的还击手段外，还能起到有效的说服作用。借助一定的题材，让对方清楚地明白其中的道理，相较于直接陈述，更具有艺术性和说服力，更能帮助对方领悟真正意图，打动对方。想要用好借题发挥的暗示技巧，关键是要选好题、借好势，整个过程自然流畅、不着痕迹，才能达到说服的艺术效果。

常用的借题发挥方法主要有以下几种。

1. 由此及彼

通过某件小事引出大的命题，运用由小到大的逻辑思维，由浅入深，层层深入。这种借题发挥的好处是对"此事"的叙述简单明了，是个引子，重点是"彼事"，要说得深远而透彻。

2. 说此喻彼

通过着重叙述某一件事，也就是"此事"，表现其重要性，然后点出另一件事，即另一个话题，有时能起到画龙点睛的升华效果。这种借题发挥思维具有卒章显志、以事喻理的艺术效果。柳宗元曾对请教驭人之术的人说："我只懂得种树，但我认为管理民众要像管理树木一样，让他们按自身的规律生长发展，从事生产，而不能总去监察他们。"柳宗元用"种树"来比喻"治人"的社会问题，给人留下了深刻的印象。

3. 说此寓彼

这种方法是通过叙述某件事，从这件事所蕴含的思想张力来显示主旨的多样性，使另一件事自然蕴含在这件事中，也就是用此事寓言彼事，虽不点明，却能让人领悟思考，进而引发共鸣。贾平凹在《丑石》一文中，就从一块"不能垒墙、不能铺台阶、不能洗石磨的"堪称"一无是处"的陨石出发，说出了"它不是做这些玩意儿的，所以常常就遭到一般世俗的讥讽"这种具有深刻内涵的话，让人的思想受到极大的震撼，体会极为深刻。

除此之外，借题发挥还有"说此说彼"，即在说"此事"的同时也是在说"彼事"，具有一语双关的效果。不过，无论哪种借题发挥的方法，都是建立在"此事"和"彼事"具有相似性的基础上，否则非但起不到说服的作用，还会给人留下莫名其妙、故弄玄虚的不良印象。

总之，借题发挥是一种非常重要而且应用广泛的语言技巧，也是一种张力极强的说服方法。这种说话艺术，不仅能用来帮助自己说服和劝诫他人，还能作为强有力的招数去批驳对方。

反诘设问，引起对方思考

心理学研究表明，人们通过反问可以增加自己的自信，让自己在气势上胜过对方，也能促使对方对我们产生信任，从而对我们产生更大的兴趣，激发他们对问题的思考，使我们的观点更加明确，更具有说服力。

　　人与人的交往，往往需要运用语言来进行交流，掌握一定的语言技巧，可以使我们的谈话富有变化，能够帮助我们把握说话的主动权，让我们的说服更为顺利。

　　反诘设问的方式，是引起对方思考的两种常用的提问技巧，通过把大道理分成若干个小问题，用问话的方式提出。这样，一来可以引发兴趣，启发大家思考；二来可以营造出一种平等互动的氛围，让人们在不知不觉中探讨出问题的答案。

　　这种变"听"为"想"的方法，可以让人们从被动接受，变成主动思考，从而主动把答案寻找出来。反诘设问在说服中常常起到抛砖引玉、启发思考的作用。

反诘简单来说就是反问，在语言学中属于修辞手法，是一种提问方式。通过提问的方式来表达肯定的意思，问而不答，答案蕴含在问题之中，能够使对方通过思考来领会我们的意思。在很多名人的演讲中，反问这种提问方式被大量使用。

"不自由，毋宁死"这句话源自美国独立战争时期弗吉尼亚州著名演说家帕特里克·亨利的一场著名演讲。

帕特里克·亨利，生于弗吉尼亚州，是弗吉尼亚殖民地最成功的律师之一，以机敏和演说技巧而闻名。他是美国独立战争时期的自由主义者，美国革命时期杰出的政治家、演说家，被称为"美国革命之舌"。他在弗吉尼亚议会上发表了充满激情的演说，演说中反复使用了反问这种修辞方法：

"……但是，我们什么时候能变得更加强大呢？下周，还是明年？难道非要等到我们被彻底解除武装，家家户户都被英军占领的时候吗？难道优柔寡断、毫无作为能为我们积聚力量吗？难道我们能高枕而卧，要等到束手就擒之时，才能找到退敌的良策吗？

"……我们的弟兄们已经奔赴战场！为何我们还在此袖手旁观？各位先生究竟想要什么？又能得到什么？莫非生命如此珍贵，和平如此美好，竟值得我们以镣铐和奴役为代价来获得？……我不知道别人将选择怎样的道路，但对我来说，不自由，毋宁死！"

结合历史背景，我们知道，当时列克星敦已经打响了美国独立战争的第一枪，但各方势力却依旧心存幻想，对革命持有悲观的想法，始终不放弃和解。在种种压力下，北美殖民地独立的步伐显得迟疑而缓慢。亨利在独立问题上显然是激进的一方，他的态度相当坚决，提出不惜生命和鲜血也要换取独立。他的这篇演说，充满激情，立场鲜明，义正词严，感染力极强。而这种效果显然与他发自内心的不断反问离不开，每一句提问都像是在拷问在座人员的心，而最后那句"不自由，毋宁死"更是流传至今。

设问是一种自问自答的方式，也可以说是明知故问，目的是引起对方的注意，点明主旨，或承上启下，启发对方思考，引人回味。反问与设问两种方法可以单独使用，也可以结合起来使用。

丘吉尔，英国政治家、演说家。他在第二次世界大战时出任英国首相，领导英国人民战胜法西斯帝国主义，取得了第二次世界大战的胜利。他在《出任首相后的首次演讲》一文中，多次使用了设问，发人深省。这篇演说稿也因此成为经典篇章。

"……若问我们的政策是什么？我的回答是：在陆上、海上、空中作战。尽我们的全力，尽上帝赋予我们的全部力量去作战，对人类黑暗、可悲的罪恶史上空前凶残的暴政作战。这就是我们的政策。

"……若问我们的目标是什么？我可以用一个词来回答，那就是胜利。不惜一切代价，去夺取胜利，不惧一切恐怖，去夺取胜利，不论前路如何漫长、如何艰苦，去夺取胜利。因为没有胜利就不能生存。"

心理学研究表明，人们通过反问可以增加自己的自信，让自己在气势上胜过对方，也能促使对方对我们产生信任，从而对我们产生更大的兴趣，激发他们对问题的思考，使我们的观点更加明确，更具有说服力。

当我们在说服对方的时候，仅仅讲大道理很难抓住对方的心理，还很容易引起对方的反感。而反诘设问的方法很好地规避这一弊端，在说服过程中，如果可以恰如其分地提出问题，引发对方的思考，便可以获取对方高度的认可。

那么，在交流中，应如何提问，才能更有效地引发对方的思考呢？下面介绍几种方法，帮助你更好地通过提问来说服对方。

1. 针对对方的问题进行反问，引发自我质疑

在双方的交谈中，我们不免会遇到各种各样的问题，如果我们想彻底地说服对方，就要动摇对方的立场，当对方的观点不牢固时，就是我们说服对方的最佳时机。要想使对方对自己的观点立场产生质疑，最好的办法就是当对方对我们进行提问时，我们针对对方的漏洞进行反问，这样可以使对方的问题失去依据，立场也就会随之发生动摇，甚至对自身观点产生质疑。

谈话就是双方之间的交锋，哪一方的基础更牢固，胜算就会更大。在对话交流中，运用反问就是对对方的质疑，对方如果无法很好地回答你的问题，那么对方就会处于下风，由此，再去引导对方的观点，就能够成功地说服对方。

2. 先肯定再反问，制造双方观点的共鸣

很多时候，我们在说服对方时总会被拒绝，如若对方不能接受我们的观点，我们还硬要去说服对方，那就会造成双方的不愉快。要想说服对方，就要想办法使对方消除不愉悦的心情或敌意，否则，想要说服对方就是很难的一件事。解决这种问题的方法通常就是顺着对方的观点，先对对方的观点表示理解，使对方降低对我们的防范，这样就可以为我们进一步说服对方留有余地。这时候，适当地运用反问，就可以使对方进行深刻的思考，这对我们去改变对方的观点起着很大的作用。

3. 先论述自己的观点再反问，引发对方思考

在双方的交流中，我们要想办法让对方多思考，这样对方才会对我们的观点有深刻的认识。有时候，我们向对方清晰地解释我们的观点，对方也会表示理解，可是难免还会存有质疑。这其实是因为对方只是听了我们的观点，但并没有真正进行思考，没有真正地理解我们的想法。如果在论述我们的观点的同时也能激发对方对我们观点的探究和思考，就能够让对

方更全面地了解我们的观点，从而达到使对方接受我们观点的目的。

　　总之，反诘设问是我们在说服过程中不可或缺的有力的语言工具。学好如何运用反诘设问法，不仅能帮助对方主动思考，看到问题所在，更能让我们在对话中保持有利的地位。最后，让我们用雪莱《西风颂》结尾的经典反问句作为我们的座右铭吧——啊，西风，如果冬天已经来临，春天还会远吗？

转移话题，打破谈话僵局

当说服陷入僵局，不妨选择一个适当的话题转移注意力，打破双方之间的僵局，使双方之间的谈话得以继续。

在谈判的过程中，当双方因为某个问题或某种利益无法达成共识，又都不肯做出让步时，就可能陷入谈话停滞，甚至出现针锋相对、僵持不下的局面。当谈话僵局出现，不能及时有效地得到解决时，僵局继续延续，就可能造成双方情绪上的波动，乃至利益上的损失和关系的破裂。如果能通过有效的办法巧妙打破僵局，如转移话题，就会让谈话出现转机，继续下去。

导致双方陷入僵局的原因很多，谈判方面的专家总结道："许多谈判僵局都是由细微的事情引起的，诸如谈判双方的性格差异、怕丢面子，以及个人的权力限制等。"有时候谈判的一方会故意制造僵局，如给对方出难题，扰乱视听，甚至引发争吵等，以此迫使对方妥协；有时候是双方因为某个问题各执己见，争执不下，从而产生僵局。其实，不管僵局是如何产生的，作为谈判的一方，都要采取措施巧妙地转移话题来缓解僵局，以免事态越发严重，导致谈判失败。

想要打破僵局，方法有很多种，其中最常见、应用最广泛的就是转移话题法。转移话题又称为障眼法，可以有效地回避分歧，为自己争取谈话时间，避免因为长时间争辩耽误说服的进程。转移话题就是把对方关注的焦点转移到其他话题上来，当我们在这个新话题上达成共识，或让对方在新话题上耗费精力时，都会对有分歧的话题产生正面的影响。这时候再回过头来重谈陷入僵局的议题，气氛也会好转，思路也会开阔起来，问题也更容易解决。

有一次，英国一家大规模的技术建设公司参加德国的某一全套工厂设备签约招标工程。英国这家建筑公司经过详细的研究分析，技术上的充分对比，认为自己的公司相较其他竞争对手有更优越的条件，非常有希望中标。

于是，英国方面派出了最优秀的代表团队，参与和德方的谈判。谈判工作进行了一段时间后，英国一方希望可以早一点儿结束谈判，于是在谈判桌上想方设法地争取早日与对方达成协议，尽早签约。但不知道出于什么原因，德方一直在拖延时间，认为应该多次进行会议。

其实，德方代表就是在价格方面还有些不满意，希望英国一方能够做出一点儿让步，把价格再降一降。在会议过程中，德方代表明确地提出了自己的想法："我们在进行招标时，对全额部分持保留态度，这一点希望你们能够理解。现在我要说一点儿看法，那就是请贵公司再减3%。我们把这一提案也告诉了其他公司，现在只等他们的回复，我们便可以做出决定了。对于我们来说，选谁都是一样的，不过，我们是真心想同贵公司做成这笔生意。"

听到德方这样的要求，英方终于明白了双方僵持不下的根源。对此，英方并没有马上表态，而是说："对于您的要求，我们不能一下子就答应，我们也需要商量一下。"之后，英方离开了谈判会议。

大约一个半小时之后，英方再次回到谈判桌上。自信的英国一方代表看上去已经找到了应对德方代表的办法。那么他们的办法是什么呢？他们故意转移了谈话的话题，对德方代表说："我们已经把规格明细表按照贵方要求的价格重新编写。"接着，英方又列举出有哪些项目是可以删除的，以满足德方要求的价格标准。德方代表一看情况不妙，马上更正说："不对，你们搞错了，我方的意思是希望你们将规格明细表保持原状。"接着，双方陷入了关于"规格明细表的标准问题"的谈论中，谁也没有再提价格问题。又过了一小时，"规格明细表的标准问题"的谈论告一段落。

当重新回到价格这个问题上时，德方也不再坚持放低价格。接下来，英国一方向德方陈述了该如何工作，才能使德方利益最大化。德方代表听了，表现出极大的兴趣。英国方面更是主动提出德方可以拨出负责监察的部分工作，交由英国公司分担。至此，谈判正式达成。

英方和德方因为价格问题而迟迟不能达成谈判协议，对此，英方通过巧妙地转移话题，将价格问题转移为规格明细表问题，使得德方不得不考虑规格明细表调整后的利益变化。经过权衡，德方不得不放弃降价的意图。而且，英方从德方利益出发，也稍微做出让步，主动承担德方部分工作，使其利益最大化。

可见，成功的交易，需要智慧的头脑灵活应对双方的分歧，在双方僵持不下的时候，可以适当转移话题，也就是转移矛盾的焦点，打断对方的思路，将对方重新引回到我方的思维上来，从而达到成功说服对方的目的。那么，我们在说服过程中，想要打破僵局，成功转移话题，需要注意些什么呢？

1. 先肯定再转移

当意识到僵局出现时，可以通过先肯定对方的立场，再巧妙转移话题的方式打破僵局。例如，"关于这件事，您说得确实有道理，不过刚才那个提案也有一定的价值……""如您所言，这是非常重要的问题，对此我们可以调查后再做报告，在此之前先说说这个问题……""您的意见很中肯，我们暂且保留，不妨换个角度看看……"等。

2. 掌握话语主动权

想要成功转移话题，避开针锋相对，就要将对方牵制在自己的话题之中，掌握话语主动权。为了避免话题深入后再次出现僵持的局面，我们可以在对方摊开话题之前转换话题，然后针对这个话题集中讨论，可以通过征求对方的意见，让对方发表高见，并讨教解决问题的方法等途径，牢牢拴住对方的注意力，不给对方喘息的机会，以避免旧话重提。

3. 适当暂停寻找突破口

当谈判过程中出现僵持不下的局面时，并不意味着谈判的破裂，只是因为双方利益和观点上的冲突才陷入争执不下、情绪对立的停滞阶段。如果不及时化解尴尬僵持局面，就会严重影响到后期的谈判进程。这时，我们不妨暂停一下，缓解一下紧张的氛围，让双方都冷静下来，同时也给自己争取解决问题的突破口，以便更好地突破僵局。

在说服对方时，如陷入僵局，不妨选择一个适当的话题转移注意力，打破双方之间的僵局，使双方之间的谈话得以继续。说服是一场心理战，谁能够掌握更多的取胜法门，谁便能拥有更大的取胜可能。

△ 10

攻心为上，说服是一场心理战

说服是攻心的话术，能否快速说服别人，关键在于是否能把话说到对方心坎里。只要细心观察，总能发现一些语言之外的信息。通过这些信息，我们说话时便能针对对方的心理，完成高效说服，成为说服的高手。

学点儿读心术，从表情和动作洞察人心

说服是一场心理战，想要在心理上战胜对方，就不能忽略人的表情、动作等方面的"细枝末节"，这样才能保证说服的流畅性。

　　无论是在工作中，还是生活中，快速建立良好的信任合作关系往往取决于一个人在交谈时所体现的说服力。为了让别人相信自己说的话，总有人信誓旦旦地说"我恨不得把心掏出来给你看"。不过，人心是不能掏出来的，想要了解对方的想法，其实通过解读他的一些表情和动作便可以做到。心理学研究表明，人的面部表情不能完全被我们控制，当我们说话的时候，一些表情或动作便会下意识地流露出来。通过识别这些特殊行为，我们便能判断出对方的真实情绪，甚至是真实想法。这便是我们常说的"读心之术"。

　　其实，读心的本领人类在婴儿时期就已经具备，当家长觉得孩子太淘

气的时候，用一个眼神便能让他"安分"下来。事实证明，经过不断的展示和锻炼，彼此熟悉的两个人往往不用语言就能快速领会对方的意图。

在生活中，只要细心观察，总能发现一些语言之外的信息。通过这些信息，我们说话时便能针对对方的心理，完成高效说服，成为说服的高手。

在美国弗吉尼亚州的北部，一位年迈的老人站在岸边，等待船只过河。老人在寒风中瑟瑟发抖，可是船却迟迟没有来到。

这时，从远处传来一阵马蹄声，随着那些人越来越近，老人开始打量起他们。那些人一个个从老人身边走过，老人一直没有说话。直到最后一位骑士过来时，老人突然开口对那个人说："这位先生，您能不能让我跟您一起骑马过河呢？您看，我等了这么长时间，连个船的影子也没见到。"

这位骑士停下来，说道："老人家，我非常愿意为您效劳。上来吧。"骑士一边说一边跳下马，帮助老人骑上马，然后自己再上去。这个人不仅帮老人渡过了河，还特意将他送到了住处。

骑士准备离开的时候，终于忍不住问老人："老先生，我心里一直有个疑问，为什么您不去请求前面过去的几个骑马的人帮助你，而偏偏拦住了我，向我寻求帮助呢？您怎么会知道我会答应您的请求呢？"

老人听了那位骑士的话，平静地回答说："我是通过观察你们的眼神来判断的。前面那几位骑士，看到我时是一副若无其事的样子，他们的眼神告诉我，他们并不关心我的处境。而您却不同了，您看到我时，眼神中流露出无限的同情和关爱，从您的眼睛里，我看到了仁慈的心。所以我知道，您是不会拒绝帮助我的。"

那位骑士后来成为了美国的第三任总统——托马斯·杰弗逊。

老人虽然和杰弗逊素不相识，但是通过细心的观察，从杰弗逊的眼睛里解读出了他的心思，明白只有这个人才有可能帮助自己。果不其然，老人不仅找到了愿意帮助自己的人，而且找出了最杰出的人物。老人看到了杰弗逊眼睛中流露出的仁慈，准确把握了对方的心理状态，虽然杰弗逊没有说话，但是，他的眼神已经"出卖"了他，让老人一眼便能洞穿。两个人像心有灵犀一样，达成了默契。

在我们日常生活中，通过读心术洞察对方心思的例子有很多，应用也十分广泛。它能帮助我们更好地生活和与人交往。

比如在地铁上，如何快速地找到座位呢？这时我们可以设想自己是一个即将下车的乘客，我们会做出哪些下车动作呢？我们可以看看有谁在频繁地看提示牌，谁在挪动身体有准备起身的倾向，谁开始整理自己的东西等。通过观察这些准备下车的动作，我们便能预测出谁即将下车，从而迅速找到座位。

读心术的实用性很强，通过解读人们无意间流露出的小动作和表情，便能洞察人的内心世界，这种对细节的观察能力能帮助我们在说服他人的过程中具备更大的优势。比如，对方已经显露出厌倦的神态和动作了，你还在那里滔滔不绝，就可能引发对方的反感。如果对方对你说的话表现出兴趣十足的样子，而你却不及时跟进，就可能削弱说服的效果。当对方表现出抵触和抗争的表情、动作时，你却没有及时发觉、合理引导，同样达不到高效说服的目的，甚至会造成人际关系紧张、人际冲突的坏结果。

1. 通过眼睛观察人心

眼睛是心灵的窗户，通过看一个人的眼睛，我们便能解读出很多信息。两个人谈话时，如果对方完全不看你或看别处，证明对你的话题已经不感兴趣，这时候最好换一个话题。当一个人回忆痛苦的事情时，眼球会向左移动；回想开心的事情时，眼球会向右移动。通过这些表现，我们可以有意识地改变对方的心情。一般来说，与人对视之后马上转移视线的人，自卑心比较强。对待这样的人，我们说话要特别谨慎，以免刺痛对方。

2. 通过眉毛观察人心

当对方皱眉时，表明其对话题可能产生诧异、怀疑甚至否定的心理，对于谈话中出现的不信任情况，要及时跟进，及时纠正以免留下隐患。当对方耸眉时，多表示不愉快，有时也表示无可奈何，或者是为了强调自己所说的话；当对方扬眉时，多表示欢欣鼓舞或者非常惊讶。

除此之外，我们还可以观察对方的嘴唇、鼻子等部位，发生在这些器官上的微表情和微动作，会给我们传递出很多重要的信息。都说"细节决定成败"，越是善于观察细节的人，越能获得更多重要信息，因为，很多小细节都隐藏着大秘密。

3. 了解表示反感的小动作

当一个人对谈话感到厌烦甚至反感的时候，就会通过一些细微的动作表现出来，如打哈欠、低头、摆弄手指、拽衣角、两手交叉胸前、搔头、抖腿、不停地看表等。当谈话对象出现类似的小动作时，我们就要及时调整谈话方式，将其引到积极的谈话内容上来，或者暂停一下，让彼此有个缓和的机会。

说服是一场心理战，想要在心理上战胜对方，就不能忽略人的表情、动作等方面的"细枝末节"，这样才能保证说服的流畅性。

先了解心理诉求，再尝试说服

先了解对方心理诉求，再尝试说服，是与人沟通的重要法则。只要抓住对方的诉求点，顺着对方的诉求点展开谈话，就可以成功获得对方的好感，进而完成有效的说服。

想要说服别人，就要先了解对方的心理诉求，也就是对方心里想要的是什么。人的心理活动变化多样，外人常常难以把握。同一句话，不同的人听了可能产生不同的情绪变化，或不同的看法。只有在谈话中掌握了对方的心理诉求，才能够把握住对方的情绪脉络，这时候再尝试说服，往往会切中要害，让对方难以辩驳。

人的心理诉求有很多，有的人需要爱和关心，有的人需要尊重，有的人需要安全，有的人需要权力，有的人喜欢占便宜等。正如买东西时，有的人需要优质的服务，有的人需要质优价廉的产品，有的人信奉权威，有的人爱好面子，有的人喜欢攀比等。每个人的心理诉求都是不一样的，这就需要我们仔细观察，认真分析，挖掘出对方真实的心理诉求，这时候再尝试说服对方，有针对性地满足对方，更容易说服成功。

日本有一家非常出名的加工无尘粉笔的工厂，他们加工的粉笔质优价廉，在业界具有举足轻重的地位。不过，这个工厂之所以出名，并不是因为他们生产的粉笔有多好，而是因为在管理制度方面的出众。

在这个工厂，没有什么成文或不成文的制度，老板也很少到这里指挥。但是，员工的工作效率却很高。这让很多企业感到不解，于是有人前来请教管理秘诀。

这个工厂的负责人山野告诉来访者："我们其实没有什么特殊的地方，这个厂子里七成的员工都带有残疾。他们之所以能够坚持在这里工作，并且效率这么高，是因为这里能给予他们想要的东西。而这些东西不是更多的金钱，不是多好的福利，而是被爱，被尊重，受到赞美，为他人服务，被他人需要。所以，他们才能够在这里自觉主动地工作。"

身为残疾人，在社会上生存是一件非常艰难的事情，由于他们的"特殊"，很多人会有意无意地排斥他们，这给他们的心理带来巨大的阴影。相较于正常人，他们更渴望得到爱和尊重，更希望让自己变得有能力，通过行动来证明他们是可以为他人服务的，是能够被人需要的，是有价值的。

工厂的管理者正是读懂了这些残疾人的心理诉求，让他们得到了在其他企业很难得到的东西。就算没有严密的制度、华丽的语言，他们也已经认同了这里的一切，也必然会按照这里的要求尽心尽力地工作。幸福快乐的感觉、油然而生的满足感和成就感让他们无须监督，就能自发自觉地工作起来。所以，满足对方的心理诉求是最能捕获人心的方式之一。

心理诉求因人而异，因身份地位而异，因时间而异。想要抓住对方最重要的心理诉求，就要仔细分析，多方面求证，通过谈话、表情动作、他人评价等方式去了解，这样，我们就能抓住要点，进而投其所好，实现互惠互利的说服目的。那么，我们如何了解对方的心理诉求呢？

1. 了解对方的身份地位

身份地位反映着一个人自身的社会性状态，每个人作为社会的一分子，都有着属于自己的身份地位，有着区别于他人的身份意识。身份地位包括他的出身、年龄、辈分、职务等，对方是熟人还是陌生人，是同事还是领导，是亲人还是朋友等。了解对方身份地位是对人最起码的尊重，很多心理诉求往往就隐藏在一个人的身份地位之中。

2. 了解对方的社会关系

每个人都有自己的社会关系网，也就是自己的交往圈子，通过了解这些，能更清楚地了解对方的真实信息以及对方的心理状态和诉求。有时候，我们可以从对方的亲戚朋友那里间接获取一些重要的信息。对方接触的人群，以及他人的评价都是了解对方心理的重要渠道。

3. 了解对方的性格特点

每个人都有自己的性格，如果你了解了对方的性格特点，便能更好地站在对方的角度思考问题，而不是用自己的眼光看人，将自己的意志强加于人。当你学会认同他时，再尝试去说服他，就简单多了。

总之，先了解对方心理诉求，再尝试说服，是与人沟通的重要法则。在说服过程中，我们要多观察、多聆听，这样，抓住对方的诉求点就不是一件困难的事情了。当我们精心准备谈话内容的时候，就能让对方将心理诉求展现在我们面前，我们顺着对方的诉求点展开谈话，就可以成功获得对方的好感，进而完成有效的说服。

敞开心扉，信任是说服的基础

信任是人与人交往最重要的原则，也是说服别人的基础。当两个人彼此信任的时候，便会敞开心扉地谈话，将自己的心毫无隐瞒地表现出来。这样的谈话纯净、透彻，更具有说服的力量。

列夫·托尔斯泰说过："要做真正的知己，就必须互相信任。"当两个人彼此信任的时候，便会敞开心扉地谈话，将自己的心毫无隐瞒地表现出来。这样的谈话纯净、透彻，更具有说服的力量。

信任是人与人交往最重要的原则，也是说服别人的基础。如果一个人没有让人信任的力量，那么，人们对他说的任何话都会表示怀疑。想要做一个被人信任的人，需要在生活的点滴中严于律己，说话办事都要讲诚信，做一个真诚、值得信任的人。

不过，想要做一个被人信任的人，并不是一件简单的事。特别是在这个浮躁的社会，有些人为了得到更多的利益不择手段，不惜牺牲自己的诚信，恶意欺骗或隐瞒事实，进行虚假宣传，以欺骗他人来谋取自己的利益。如电视上说某种药效果特别好，结果药是假的；短信告诉你中奖了，结果自己的钱被套了；网络上兼职可以日赚千元，结果是骗人交佣金的……一旦社会陷入严重的信任危机之中，就可能人人自危、人人自卫，越来越无法相信他人。

所以，我们呈现给他人的东西一定要保证真实可信，敞开心扉真心为对方着想，真心帮助对方解决困难才好。只有这样，才有可能让对方信任自己，认同自己。

陈静是一家金融公司的销售主管，她能说会道，创造了非常好的业绩。有一次，公司还专门为她召开了一场盛大的庆功宴，庆祝她为公司成功地拿下了今年最大的一笔订单。那时候，全体员工都为她欢呼喝彩，她成了全公司最闪亮的新星，风光无限。

可是，天有不测风云，陈静在工作中因为疏忽，给公司造成了一笔不小的亏损。领导对此大发雷霆，严厉地训斥了她。一些见风使舵的员工也开始对陈静不尊重起来，不听从她的调遣。巨大的心理落差让陈静变得消极起来，变得越来越寡言少语，经常一个人坐在办公桌前默默地发呆。

有一天，陈静正在办公室坐着，快递员送来一束鲜花给她，说是有人寄给她的。陈静自从被领导批评后，一直状态不佳，也没有人理会她。突然有人给她送来鲜花，让她简直不敢相信，怀疑对方是不是送错了。那个快递员肯定地说："绝对没错，那个人千叮咛万嘱咐，就是送给您的！花里面夹着一张贺卡，你打开看看就知道了。"陈静打开贺卡一看，原来是祝福她生日快乐的，署名居然是她的同事赵乐。贺卡上写道："26年前的你出生了，希望26年后的你重焕新生。"一句简短的话语，却深深地暖化了陈静的心，令她禁不住流下泪来。

原来，赵乐一直暗恋着陈静，过去的陈静心高气傲，赵乐总感觉自己配不上陈静。这次，陈静落难，赵乐终于有了向陈静敞开心扉、送上温暖和关爱的机会。陈静在事业低谷期，大家都冷落她，唯有赵乐关心她，让她的心里暖暖的，为有这样一位知己感到欣慰，她相信这份心意是真诚的。从此，陈静振奋起来，终于凭借自己的努力，重新获得了领导的认可。赵乐也如愿抱得美人归，两个人携手步入了婚姻的殿堂。

在结婚时，陈静对赵乐说道："在我最不如意的时候，是你对我敞开心扉，鼓励了我，是你陪我走过了那段最艰难的日子，我相信还是你能陪我走完一生。"

在人人都怀疑陈静的时候，赵乐的表白与信任出现得如同一场及时雨。赵乐的关心、爱护和信任，远胜任何矫饰的语言，使他们彼此心照不宣地敞开了心扉，彼此相互信任，相互鼓励，赵乐也成功地将陈静从阴霾低谷中挽救了回来，并因此收获了爱情。

那么，我们应如何敞开心扉，建立彼此信任的基础呢？

1. 首先，要愿意去信任别人

我们之所以不相信别人，无外乎两种情况：一种是觉得对方不值得信任，另一种是不愿意去信任别人。前一种可能是他人的问题，而后一种是自己的问题。对于说服者来说，首先，我们要具备愿意信任别人的能力，然后才能做到让对方信任自己。

心理学认为，信任来源于自己。只有我们愿意信任别人时，才能证明你是自信的，对自己有清楚的认知，是拥有安全感的，是愿意和他人进行思想情感交换的。如果你不愿意信任他人，那么你就会笃定对方在骗你，你们的关系就会被你定为欺骗关系。所以，想要别人信任自己，首先要愿意信任别人。

2. 其次，要晓之以理、动之以情

想要获取对方信任，要懂得用口碑、能力、功能、可靠性等证据来理

性地说服对方。同时，个人的情感也会影响信任的效果。当说服是出于对他人的关心和帮助的时候，更容易在情感上打动对方，取得对方的认同。所以，理性和情感相结合的说服，才是取得信任的法宝。

信任来之不易，需要经过不断磨炼才能逐步形成。当我们通过努力让对方信任我们的时候，我们便抓住了说服的主动权，这时候，无论你说什么，对方都可能认同你。人是善于伪装的，很多人出于自我保护，不愿意轻易向他人坦露心声。当你用心敲开对方的心灵之窗时，你会发现，大家的距离一下子被拉近了，也为说服奠定了信任、安全、融洽的基础。

所谓共情，就是要站在对方的立场上，凭经验和直觉感受他人的感受，也就是设身处地地想他人所想、急他人所急，用他人的眼光来看待问题，体会他人的内心感受。这在说服中是一种非常重要的能力，也是促进人与人之间情感联系的重要方式。

**谈心渗透，
与对方共情**

人是有情感的动物，每个人都渴望被理解、被认可。想要别人认同自己的观点，就要懂得通过谈心逐渐渗透，与对方达到共情。所谓共情，就是要站在对方的立场上，凭经验和直觉感受他人的感受，也就是设身处地地想他人所想、急他人所急，用他人的眼光来看待问题，体会他人的内心感受。这在说服中是一种非常重要的能力，也是促进人与人之间情感联系的重要方式。

想要达到共情，需要大胆的假想能力，需要能够深入人心的思想，从他人的角度来体验这个世界，是虚拟现实的最高精神境界。在说服过程中，做到谈心渗透，与对方共情，能帮助说服者抚慰对方受伤的心灵，拉近彼此的心理距离，让对方更好地认同自己。

致力于共情心理学研究的学者这样比喻共情能力：当有人陷入深渊大声呼喊："我被卡住了，这里好黑，我简直要崩溃了！"你如果也爬到深渊告诉他："嘿，我理解你的感受，你并不孤独。"这便会让对方感觉心里暖暖的，顿时有了力量，这样才是你和他的共情。但如果你在悬崖上面喊："唉，你可真倒霉！"——这只能称为同情。共情需要感同身受的能力，是一个人情商高的表现。

李明是一名来自山东的农村学生，他勤奋好学，经过自己的努力终于考上了心仪的重点大学。可是，上大学之后的他，不知道怎么回事，学习状态一直很不好。大学第一学期，就挂了一科，还经常夜不归宿去网吧打游戏。他的辅导员张老师不忍心看着一个优秀的孩子就这样荒废了，经过和李明的同学、家长多方面的沟通，终于找出了问题的根源。经过一番透彻的谈心，张老师重新引导李明找回了信心，回到学习的正轨上来。

张老师为了不让李明心怀顾虑，特意选择了散步的方式展开谈心工作。张老师先询问了李明最近的生活学习状态，然后讲到自己跟他的家长进行电话沟通的情况。对此，李明不以为意，因为他知道自己的父母只注重自己的学习分数，对自己很不信任，跟家人联系是他非常反感的事情。

张老师早就预料到李明的反应，然后对李明说："你想不想听听我上大学时的故事呢？我发现有些地方咱俩很像呢！"这时李明来了兴趣，默许了张老师的建议。张老师说自己上大学之前，家人们也只关心他的学习，不让他做任何和学习无关的事情。到了大学之后，离开家人的看管，出于不放心，家人还总是追问自己的事情，对他不是质疑就是唠叨和叮嘱。对此，他也烦恼了很长时间。听到这里，李明表示认同地点了点头。

看到李明的回应，张老师继续说道："那时候为了证明自己是能行的，大二暑假我并没有直接回家，而是到亲戚家酒店做了一个假期的服务生。后来，家人们对我的看法有所改观。然后我继续努力，在各方面都争取表现好，渐渐地，家人就不再质疑我的能力了。直到今天，我站在教师这个岗位上，全家人都对我刮目相看。"

张老师又把话题转回到李明身上，说道："其实，咱们面临的问题是一样的，却因为选择了不同的方式才有了两种不同的结果。我选择了用我的优秀证明他们是错的，而你则选择了用自暴自弃的方式来反抗家人对你的质疑。"最后，张老师希望李明能够好好想想，不要拿自己的人生赌气，要为自己负责才对。

李明听完张老师的一席话，深受感动，也认识到了自己的错误，保证会改过自新，好好学习。不过，李明对落下的课程有些担心，对此，张老师表示只要他真心改变，会尽己所能地去帮助他。

在上面的案例中，李明上大学之后学习状态突然变得很差，张老师对此并没有直接进行批评教育，而是通过深入了解，找到问题的根源，然后通过散步谈心的方式对症下药，将观点一点点渗透到李明的心里。

在谈心的过程中，张老师还运用了与对方共情的方式，达到了有效说服的结果。张老师坦言自己曾经也和李明一样叛逆过，这一下就拉近了彼此的距离。然后谈到自己为了向家长证明自己是有能力的，也在假期里打工。通过积极正面的引导方式，李明开始反思自己的行为。最后，张老师点出了双方的区别：自己是通过优秀的方式来证明自己，而李明是通过伤害自己的方式来反抗家长的管教。

张老师用自己亲身经历说事，提示李明不要拿自己的前途作为赌气的工具。张老师设身处地地为李明着想，终于赢得了李明的信任，帮助他化解了心结，端正了学习态度，达到了理想的说服效果。可见，谈心渗透、共情说服在说服逻辑中是多么重要的一种能力。

在心理学上认为，共情是一种基本需求，每一个人都需要共情。那么，如何才能更好地与对方谈心渗透，与对方达到共情呢？可以从以下几方面做起。

1. 保持积极的心境

当人处于愉快、放松的良好心境时，人的思维也会变得活跃，情绪状态最佳，在这样的心境下，更容易和对方交心，产生共情，进而帮助和抚慰对方心灵。同时，共情能力的提升，对他人的帮助，也会让人们心情更愉悦，进而使好心情得以延续。

2. 树立助人为乐的榜样

树立助人为乐的典型，这对于人们，特别是与儿童建立共情能力来说很有帮助。榜样会对儿童的行为起到提醒作用。当看到需要帮助的人的时候，他们便会想到榜样的形象，进而提醒和督促自身去帮助他人。所以，树立榜样是提高儿童的共情能力、学习助人行为的直接方式。

3. 想要共情，首先学会接纳

接纳对方是共情的基础，这要求己方首先放下自己的情绪，全然站在对方的角度想问题，进入对方的内心世界感受对方的感受，忧其所忧，怒其所怒，觉察对方的情绪状态，探寻问题的线索。然后，真正从心底接纳对方涌动的情绪和需求。只有这样，我们才能真正地理解对方，进而被对方理解。

在我们的日常生活中，共情能力强的人一般能结交到更多的朋友，具有更强的领导能力。因为，他们总能设身处地地为他人着想，让人感到亲切，也能得到别人的理解。美国"脱口秀女王"奥普拉·温弗瑞就曾说过："领导能力涉及共情，是一种密切联系群众的能力，它可以激发人们对生活的热情，让他们更好地享受生活。"

利用人心弱点，攻破最后的心理防线

说服是一场激烈的心理战，谁抓住了人心弱点，谁就抢占了先机，抓住了谈话的主动权。利用得好，就能俘获对方的心，让对方的心理防线在无形中土崩瓦解。

人类的心理并不是完美无缺的，人有很多优点，如富有爱心、乐于助人、友善、宽容等，但是，人也有很多弱点和缺陷，如自私、贪婪、无知、自大、盲从、懒惰等。

在说服中，利用人心的弱点，攻破对方的心理防线是一种常见的说服方法。每个人在潜意识里都有种不愿被人说服的心理，因此，为了不被别人说服，会自觉或不自觉地给自己架设起一道道心理防线，让对方难以接近。这时候，我们便要展开一场说服的攻心战，利用对方的弱点，打破防线，拉近彼此的距离，实现说服的目的。

发生在春秋时期的晏子使楚的故事家喻户晓，让我们看看面对咄咄逼人的楚王，晏子是如何应对的。

春秋时期，齐国派晏子出使楚国，游说对方联合起来抗衡晋国。楚王早听说过晏子是能言善辩之人，于是想当众杀杀他的威风。

楚王见晏子身材矮小，便命人在大门的旁边开了个小门，让晏子从小门中进来。晏子看这形势，早就明白了三分，机智地说道："出使狗国的人，才从狗门进去。如今我是出使楚国，不应当从这个门进去。"

看守的人无言以对，只好让晏子从大门进去。

待晏子见楚王时，楚王傲慢无理地说道："难道齐国没有人了吗？派你来当使者！"

晏子回答说："在我们齐国的都城临淄，住着上万户的人家，大家把袖子张开就能遮住太阳，挥一挥汗水就好像下了一场大雨，大家走路肩并着肩、脚碰着脚，怎么能说没有人了呢？"

楚王又说："既然如此，为什么还派你来当使者呢？"

晏子回答说："齐国派遣使者是有规定的，能力高的人被派到贤明的君主那里去了，不成才的人被派到不成才的君主那里去了。我是最不成才的了，所以被派到这里来了。"

楚王听了晏子的话，心里十分不快，本想羞辱晏子一番，没想到反被羞辱。自己掉进自己挖的坑里，虽然很难堪，可又无可奈何。

晏子面对楚王的无礼刁难，并没有恼羞成怒，而是通过机智的话语，巧妙应对，最后在这场辩论赛中胜出。晏子之所以能成功，就是因为他抓住了楚王傲慢的人性弱点。

对于傲慢无礼的人，晏子深知，这样的人总是一副居高临下的姿态，他们说话的语气往往狂妄自大，言语中充满讽刺轻蔑的味道，说话尖酸刻薄，简短而又生硬，不给人留面子，不考虑他人的感受。和这样的人说话，往往说不了两句就让你陷入难堪局面。不过，这样的人一般表达能力不高，说话可能语无伦次，总爱以自我为中心。对待这样的人，如果一味忍让，只会让对方变本加厉，更加肆无忌惮。最好的办法就是在言语上压制他，通过严谨巧妙的语言表达，抓住其语言的漏洞，让对方无言以对，打压他的气焰。

从心理学角度讲，只要抓住对方的弱点，就容易掌控对方，给他产生巨大影响；掌控了对方弱点，巧妙地加以利用，便掌控了说服的主动权。在谈判时，更需要做一个会揣摩人性、利用人性的攻心高手。如果学会利用人心弱点，那么就能轻松攻破对方的心理防线，达到洽谈的目的。

人都是贪婪的，喜欢占便宜。很多商家就是利用这一点，搞一些免费促销活动，如免费试用、免费领新机、免费体验式服务等，或者在购买商品的时候赠送一些小礼品，以满足对方占便宜的心理。总之，先给对方一些甜头，把对方吸引过来，然后再进行深入说服引导，进而达到完成交易的目的。对此，很多消费者乐此不疲，就算知道这是商家的一种销售策略，也欣然接受。

再如利用人性的虚荣心，爱面子的心理，很多酒店都会开设VIP会员制度，有的还会对会员进行分级，等级越高的会员，得到的服务待遇越高，如提供送机服务、返现、打折优惠等。这种等级制度满足了部分人的虚荣攀比心理，以此彰显自己身份地位的高贵。

说服是一场激烈的心理战，谁抓住了弱点，谁就抢占了先机，抓住了谈话的主动权。在说服的过程中，我们会遇到质疑、反驳，甚至公然挑衅。当碰到这样那样的心理防线时，我们要仔细观察，抓住其弱点，各个击破，这样才能获得说服攻心战的胜利。

在说服逻辑之中，利用人心弱点，重在利用。利用得好，就能俘获对方的心，就能让对方的心理防线在无形中土崩瓦解。除了以上提到的一些人性弱点可以利用外，还可以从以下两方面加以强化。

1. 夸赞对方经常炫耀的东西

心理学研究表明，一个人炫耀什么东西，就证明这个东西在他心目中的地位非常重要，比如金钱、学识等。他之所以经常将这类东西拿出来炫耀，多是因为他缺少这类东西，将其炫耀出来的目的就是证明自己不缺少。所以，要夸赞对方经常炫耀的东西，以此来攻破对方的心理防线。

2. 消除对方恐惧的心理

戴尔·卡耐基在《人性的弱点》一书中讲道："恐惧大都因为无知与不确定感而产生。"人类对于未知或不确定的东西多抱有一种莫名的恐惧感。人与人交往的恐惧，也是因为彼此的不确定感而产生的。所以，想要说服对方，就要给对方足够的确定感，让对方认为你是靠谱的，是可以信赖的。当对方消除对你的恐惧时，就会放下心理防线，放心地和你相处了。

兵家常说"知己知彼，百战不殆"，当你了解了人心的一些弱点后，巧妙地为己所用时，便能让对方乖乖就范，对方的心理防线便会不攻自破。想要做一个说服的高手，不妨学一点儿这样的小心机，以便达到高效说服的目的。